生活中的经济学

Shenghuozhong de

JINGJIXUE

朱广平 著

光明日报出版社

图书在版编目（CIP）数据

生活中的经济学 / 朱广平著 . -- 北京：光明日报出版社，2012.1（2025.4 重印）

ISBN 978-7-5112-1875-9

Ⅰ . ①生… Ⅱ . ①朱… Ⅲ . ①经济学－通俗读物 Ⅳ . ① F0-49

中国国家版本馆 CIP 数据核字 (2011) 第 225316 号

生活中的经济学

SHENGHUO ZHONG DE JINGJI XUE

著　　者：朱广平

责任编辑：李　娟　　　　责任校对：石　桥

封面设计：玥婷设计　　　　责任印制：曹　净

出版发行：光明日报出版社

地　　址：北京市西城区永安路 106 号，100050

电　　话：010-63169890（咨询），010-63131930（邮购）

传　　真：010-63131930

网　　址：http://book.gmw.cn

E － mail：gmrbcbs@gmw.cn

法律顾问：北京市兰台律师事务所龚柳方律师

印　刷：三河市嵩川印刷有限公司

装　订：三河市嵩川印刷有限公司

本书如有破损、缺页、装订错误，请与本社联系调换，电话：010-63131930

开　本：170mm × 240mm

字　数：195 千字　　　　印　张：12

版　次：2012 年 1 月第 1 版　　　　印　次：2025 年 4 月第 4 次印刷

书　号：ISBN 978-7-5112-1875-9-02

定　价：39.80 元

前言

PREFACE

经济学是研究资源既定时最大化的问题：对社会而言是GDP和社会福利最大化的问题，对企业而言是利润最大化和企业资产价值最大化的问题，对个人而言是收入和效用最大化的问题。经济学还认为，虽然有些人做事情的出发点是个人的利益，但在追求个人利益的同时也实现了他人的利益，即主观为自己，客观为别人。经济学正是从这种利益最大化的研究中得出了许多有意义的结论。所以，美国经济学家曼昆说："学习经济学本身不会让你致富，但它将提供一些有助于你努力致富的工具。"

虽然作为普通读者不必要像经济学家那样把经济学研究作为职业，但是要更深刻地了解那些存在我们身边的、关乎我们幸福和成功的生活现象背后的本质和真相，以便让我们在面临某些问题时能够更加睿智，少投入一些沉没成本，也就是减少一些不必要的、没有任何意义和回报的浪费，不学经济学、不懂经济学是不行的。更重要的是，我们要构建起和经济学家一样的思维方式，才能游刃有余地应对庞杂生活中的一切问题，在充满复杂博弈的谈判、体力的角逐和智力的较量中获得最大的收益，成为更精明的消费者、婚恋专家、业绩卓著的企业家……乃至获得最终的成功。正如我国著名经济学家茅于轼先生所说的那样："经济学知识是每个做大事或做小事的人都需要懂得一点的一门学问，只有那些准备上荒岛去开荒且不与外界社会往来的人，学习经济学才会成为多余的事。"

本书用通俗易懂的语言，结合大量生活案例及直观形象的图解，全面剖析了经济学在社会生活中的重要意义，介绍了经济学的基本知识及其在各个领域里的应用，揭示了经济学规律对社会经济、企业发展、个人生活的巨大作用，帮助广大读者提高对经济学的认识和重视，学会用经济学的视角和思维指导自己的行为，以最小的投入获得最大的收益，更快地走向成功，尽享财富人生。

目录

CONTENTS

扫码获取
更多资源

第一章
人生的成败在于规划

俗话说："人无远虑，必有近忧。"人生就是一出戏，看你能否抓住种种机遇。只有在年轻时根据自己的个性选择好适合自己的职业，规划好自己的人生以及人生的奋斗目标，有意识地培养自己的核心竞争力，持之以恒，努力拼搏，才能降低盲目性，尽量减少人生路途中的沉没成本，并通过自己的奋斗有所成就。所以，人生是否成功在很大程度上取决于是否制定了一个好的规划，并坚持执行这个规划。

1 规划人生，减少沉没成本

陈先生毕业于暨南大学会计系，在顺德一家不太大的民营进出口公司担任会计。刚刚参加工作时，他就对自己的人生和职业进行了规划。他的职业理想是希望以后在大的外企做个出色的财务总监。实现这一职业理想需要什么条件呢？第一，流利的英语；第二，全面的财务管理知识；第三，优秀的沟通能力；第四，良好的工作背景和业绩。大学毕业两年后，他已经对自己的职业发展有了明确的目标。实现这一职业理想的关键，是接下来担任会计主管、会计经理、财务总监，一步一步走过去。他先在一个小公司工作两年后担任了会计主管，接着被“猎”到一个中型企业担任会计主管，一年后又被“猎”到一家英国企业担任财务经理，月薪由原来的3500元升到了9000元。

正是有明确的发展目标与实施步骤，陈先生才以最快的速度走向成功。当然这离不开他自己的努力，但是有了人生规划让他少走了许多弯路。

陈先生由于有一个明确的人生规划，避免了盲目性，目标明确，把握了方向，对他在短期内取得较大的成绩起了很大的作用。企业需要有财务成本的核算，才能在经营中尽可能减少成本，增加利润。人生的奋斗也是如此，有一个规划就等于有一本自己人生的账本，能够做到心中有数。

在人生的奋斗过程中，自己准备追求什么样的成绩，这些成绩需要一些什么样的条件，需要付出什么样的努力，回答了这些问题，才能达到自己追求的目标。也就是说，要求自己的人生收获多少，就必须投入多少，如果投入不够，收益就会减少。就像这位陈先生，他人生的目标是做一个出色的财务总监，要达到这样的成绩需要哪些条件，他必须事先进行分析，发现不足的地方就要尽快弥补。比如，如果他的英语水平还达不到进行良好沟通的程度，就需要着力提高英语水平，这样，他的理想和目标才能如期达到。如果他没有一个事先的规划，那么尽管他很努力，但其中的一些努力也可能是没用的，这样做无用功就会白白浪费了自己的时间和精力，造成沉没成本。所以，进行人生规划就是要在人生奋斗的过程中，做到心中有数，有的放矢，以减少沉没成本。

对于个人来说，一生是很漫长的，但是，在人生征途中，关键的却只有几步，有时候，走错了一步，就很难挽回，这就需要正确的规划。

具体来说，人生规划对个人成功的作用包括选择好适合自己的职业，找出自己还存在哪些知识和能力上的差距，这样，才知道需要在哪些方面付出更多的努力。人生规划的具体作用如图所示。

人生规划的作用

- 选择职业
- 找出差距
- 提供动力
- 把握方向
- 减少无用功
- 增加成功机会
- 节省时间
- 降低成本
- 提高效率

既然人生规划这么重要，那么，该怎样进行人生规划呢？

人生规划应该从一个人终生的职业发展角度着手，才能够应对未来一些无法克服的客观条件，及时调整自己，以减少甚至避免沉没成本的产生。

具体说来，人生规划要紧紧结合职业选择。必须首先进行自我评估，主要包括对个人的需求、能力、兴趣、性格、气质等方面的分析，以确定什么样的职业比较适合自己，自己具备哪些能力，自己擅长做什么工作。最后，确定自己的人生理想和职业理想是什么。

在规划中，需要分析一下自己所从事的职业需要什么样的习惯，自己的哪些习惯不适合，要改过来；从事这样的职业需要具备什么样的知识和能力，自己现有的知识和能力有哪些不足，需要提高。良好的习惯是个人事业成功的催化剂，养成良好习惯会给他人带来身心的愉悦，从而给他人带来正效用，即好的感觉，这就有利于自己事业的发展，反之，不好的习惯就会给他人带来负效用，就会遭到别人的排斥。

实现人生的最终目标并不容易，半途而废的例子比比皆是，所以我们需要分段地确定自己人生奋斗的长期目标、中期目标与短期目标，把人生奋斗分成一个个时间段，每一段时间都有一个目标，并各有侧重，在哪个时间段需要学习什么知识、锻炼什么能力都要规划好。在规划的过程中，必须根据个人的专业、性格、气质、价值观以及社会的发展趋势等确定自己的各个时段的目标，然后再把这些目标细化。

经济学课堂

沉没成本

沉没成本指过去发生的并在任何条件下都无法收回的成本支出。从决策的角度来看，凡是发生的，又不因决策的变动而有所改变的成本支出，就是沉没成本。它通常是厂商花在机器、厂房等生产要素上的固定成本。从固定生产要素的无形损耗来看，这些固定要素会因技术进步或产品的更新换代而引起贬值，从而产生其账面价值下降而无法补偿的那部分金额。

效用

效用是对消费者获得满足或幸福程度的衡量。一种商品对消费者是否具有效用，取决于消费者是否有消费这种商品的欲望以及这种商品是否具有满足消费者欲望的能力。效用这一概念是消费者的一种主观心理评价。根据功利主义的看法，效用是所有公共和私人行动的最终目标。

2 路径依赖：选择符合自己的行业

晓斌在大学里是学财经专业的，毕业后到了一个地级市的企业当会计，作为一个从农村出来的大学生，能够有一份会计这样的白领工作，他也觉得比较满意。但工作一段时间后，他发现自己不太适合这份工作，因为他心不够细，常常会出点小差错，有时一点小误差让他核对了大半天才纠正过来，他感觉做这种工作很累。由于经常出小差错，领导对他的印象也不太好。他感到很委屈，因为他知道自己擅长理论，干会计工作没有发挥自己的长处。于是他经常发牢骚，并为自己选错了专业、选错了行而烦恼、悔恨。

晓斌一开始参加工作，就选错了行业，虽然学财经专业的人一般比较适合于做会计工作，但晓斌的个性却不太适合，因为他心不够细。但他知识广博，擅长讲理论，所以，做会计工作对他而言又累又做不好，即选错了行，不能发挥自己的长处，而是使用了自己的短处。其人力资本的价值不能真正体现出来，造成人力资本和时间资源的浪费，不仅不能给单位和自己带来比较高的效益，心理上也很不舒服。

在职业选择上，一开始就选对职业的人其实并不多，而选错职业的人倒是大有人在。当我们选错了职业时，在工作中会产生许多烦恼。这时，自己的人生就陷入了路径依赖之中，似乎难以自拔。一旦做了错误的选择，惯性的力量会使这一选择不断自我强化，并让他轻易走不出去。也就是说，由于自己的选择错误，想走出这种惯性也很难，而且，离自己的人生理想也越远。

在这种情况下，有的人就会悔恨不已，就像上面这位晓斌。但是，光是悔恨没有用，过去的事情已经是历史，历史是无法更改的，我们谁也不可能穿越“时光隧道”。当我们选择错了职业时，该怎么办呢？我们应当把它当成是一种沉没成本。就像企业在短期经营中，那些已经支出的固定成本，企业不能去考虑它，或者当它不存在，主要考虑的是可变成本的支出，只要在企业经营中边际收益高于可变成本就可以继续经营，像前几年的彩电降价就是这样，这是一种抢占市场占有率的经营策略。选错了职业也是如此，既然已经选错了，沉没成本已经发生了，就不可能收回来，要弥补这个成本的损失只有靠自己提高现在的学习和工作效率，充分利用每一天的时间，争取以后取得更大的利益和成绩。

要充分利用现在的时间，首先就需要让自己冷静下来，理性地分析一下主观和客观的原因，找出问题的症结所在，认真思考自己所走过的人生之路，总结经验教训。同时进行成本和收益分析，即目前工作的成本和收益怎么样，自己觉得更适合的其他职业的前景怎么样，自己的能力在多大程度上适合那种职业，目前的生存问题解决了没有等。如果这时自己还不具备从事另一种职业的条件，就只能暂时忍受一下，培养适合于自己未来职业的能力，在生存问题解决以后，就可及时寻找新的工作。

在人生之路中，沉没成本是一个极其有用的概念。人在考虑问题时总是处于悔恨当中是一种非理性的行为，经济学提倡的理性思维其实也是一种豁达、开朗的人生态度。亚当·斯密就说过：幸福不是来自财富本身，而是一种感觉，是“心灵的平静”。杯子破了，没法用了，只能扔掉，旧的不去，新的不来。人生也是如此，沉没成本不可能完全避免，总会产生，重要的是要看到未来的市场，只有把握今天，在总结过去的基础上，掌握更加正确的方式、方法，充分利用每一天的时间，才能创造未来。

当有机会再次选择职业时，应当果断地、毫不犹豫地选择真正适合自己的职业。

茅于轼先生大学时是学机械专业的，但他后来觉得自己更适合于研究经济学，于是，在大学毕业20多年后，也就是在近50岁时再改学经济学。他大学时学的专业对经济学学习和研究都有很大的帮助。作为学工科的学生，他的数学肯定比学社会科学的学生要强，而机械设计的理念也对经济学研究大有帮助。而且他在工作和社会中的阅历对于经济学这门社会科学来说更是一种财富。他前20年工作的体会就是，只有把书上所学到的理论运用到日常生活中去，才能真正掌握它。所以，他在学经济学时所产生的学习效率就要高得多。他在学习机械专业中所接触的量的概念在他脑海中形成了一种真正适用的概念，在他后来经济学的研究中就可以得心应手地运用了。而自然科学的逻辑思维和条理化，有助于他对日常生活中的现象进行深入的思考。

从茅先生的例子知道，假如一个人干错了行，也不可怕，只要乐观地看待沉没成本这个概念，并把这种沉没成本当成一种必要的付出，善于总结经验教训，重新选择职业，把这些经验教训运用到新的职业中去，让沉没成本成为新职业的垫脚石，成为自己的智慧之源，从而提高学习和工作效率。或者根本不去考虑这些沉没成本，放下包袱，轻装上阵，看到自己人生之路的前面还有更广阔的空间在等着自己去发展。这样，其时间的利用效率自然会相当高。

经济学课堂

路径依赖

路径依赖指一旦人们做了某种选择，就好比走上了一条不归之路，惯性的力量会使这一选择不断自我强化。它首先由保罗·大卫在1985年提出，后来诺斯将前人有关这方面的思想拓展到社会制度变迁领域。制度变迁如同技术演进一样，这种机制使制度变迁一旦走上了某一条路径，它的既定方向会在以后的发展中得到强化。沿着既定的路径，经济和政治制度的变迁可能进入良性循环的轨道，迅速优化，也可能顺着原来的错误路径下滑，也许还会被锁定在某种无效率的状态之下，要脱身而出就会变得十分困难，往往需要借助外部效应。

社会成本

社会成本指生产一种商品或者采取某种行动给社会带来的成本。科斯认为，社会成本就是私人成本加上交易成本。科尔内则把社会成本定义为“一切涉及社会个别成员和集团的负担、损失、痛苦、牺牲或辛苦的现象”。社会成本包括：一是生产成本；二是不能直接以货币形式反映的企业账面上的外部成本；三是社会的分摊成本；四是反映大量经济现象的人们的意向、满意度和普遍感觉。

3 目标为人生提供动力

哈佛大学有一个关于“目标对人生影响”的跟踪调查，调查对象是一群智力、学历等各方面都差不多的人。调查结果发现，27%的人没有目标，60%的人有较模糊的目标，10%的人有清晰的短期目标，只有3%的人有清晰的长期目标。25年的跟踪调查结果显示，3%的人25年来都不曾更改过目标，他们朝着目标不懈努力，25年后他们几乎都成了社会各界的顶尖人士。10%的人生活在社会的中上层，短期的目标不断达成，生活状态稳步上升。60%的人几乎都生活在社会的中下层，他们能够安稳地生活与工作，但似乎都没什么特别的成就。27% 的人几乎都生活在社会的最底层，25 年来生活过得不如意，常常失业，靠社会救济，并常常抱怨他人、抱怨社会。

从哈佛大学25年的跟踪调查可以看出：有清晰而长期人生目标的人，他们朝着目标不懈努力，成了社会各界的顶尖人士；主要追求短期人生目标的人士，其生活水平也处于中上层；只有比较模糊人生目标的人也只能过着平平安安的生活；没有人生目标的人就只能生活在社会底层。为什么长远而清晰的人生目标对个人的成功有这么大的作用呢？追求自身利益是人的本性，当然，一个人在正当追求自身利益的同时，也会对社会做出贡献，即主观为自己，客观为社会。当一个人有了自己的人生理想和清晰而长远的人生目标之后，在他心目中就有一个长远的利益在激励着他为此而奋斗，即在他的一生中，学习、工作和生活都会围绕这个远大的目标，这就减少了很多无用的努力，其时间利用效率自然会比较高，对于一个人来说，时间就是金钱，节约时间就等于增加了自己的财富。这也就等于增加了自己的动力和财富又减少了成本，所以，其人生才是最成功的。而只有一个个短期的人生目标、没有长期人生目标的人，当他的一个个短期人生目标实现后，就容易沾沾自喜，满足现状，小富即安，其生活会稳步上升，但也不会非常出色。而没有任何人生目标的人，他一天到晚需要忙些什么都不知道，学习、工作和生活都不会有什么动力，其时间利用率自然就很低，在不知不觉中就浪费了自己的时间，浪费时间就等于浪费了财富，所以，只能过比较差的生活。

人生目标对人生有着巨大的导向性作用，这就像是在大海上航行，如果前面没有指路灯，航行的船只就会迷失方向，甚至走向相反的方向。人生也是如此，前面一个个的路标是一个人前进的方向，也是他前进的动力。所以，著名的成功学大师博恩 · 崔西说："成功等于目标，其他都是对这句话的注解。"

美国的弗洛伦斯·查德威克曾经成功地横渡加利福尼亚州南部的卡塔利娜海峡，

创下了世界纪录。从那以后，查德威克就一直暗下决心，试图要打破原有的横渡英吉利海峡的世界纪录。在经过了充分的准备之后，她和教练们选定了挑战的日子，并且她正处于极好的运动状态之中。然而，有一个因素被忽视了，那就是海上的大雾。当起雾时，海上的能见度只有几米。海天的交界处，以及远处的海岸，全被大雾吞没了。游着游着，查德威克开始变得不知所措。由于四周什么也看不到，冰冷刺骨、汹涌起伏的海浪似乎也变得愈加猛烈了。最终，她让教练们把她拉上了船，放弃了这次准备已久、信心十足的横渡计划。

随行的记者扼腕叹息，因为他们透过可视望远镜已经知道，查德威克距离终点只有200米的距离了。当记者们把这个残酷的事实告诉刚刚缓过劲来的查德威克时，她回答说："即使教练把这个情况告诉我也是一样，因为我看不到目的地，甚至没法肯定我是不是真的还有这个目标。"

既然确定人生目标这么重要，那么怎样确定人生目标呢？

确定人生目标首先需要确定一个长远的奋斗目标，即人生理想。要实现这样的人生理想需要什么样的知识和能力，需要养成什么样的习惯，自己需要在哪些方面付出更多的努力，都要有一个规划。然后，再将这个规划按年龄分成几个阶段，每个阶段需要达到什么样的目标，付出什么样的努力，都要规划好。可以以年龄为依据，每10年作为一个阶段比较合适。

20～30岁时，要走好人生的第一步。这一阶段的主要特征，是从学校走上工作岗位，是人生事业发展的起点，要确定一个事业起点目标。如何起步，直接关系到今后的成败。这一阶段的主要任务之一，就是选择好职业，同时加强与职业相关知识的学习，特别是要加强业务知识的学习，才能得到领导的信任，树立自己良好的形象。

30～40岁时，这个时期是一个人风华正茂之时，是充分展现自己的才能、获得晋升、事业得到迅速发展之时。此时的任务，除发奋努力，展示才能，拓展事业以外，对很多人来说，还有一个调整职业、修订目标的任务。看一看自己选择的职业、所确定的人生目标是否符合现实，如有出入，尽快调整。

40～50岁时，是人生理想的实现阶段，是人生的收获季节，也是事业上获得成功的人大显身手的时期。对于到了这个年龄仍一无所得、事业无成的人，应深刻反省一下原因何在。重点在自身上找原因，对环境因素也要进行客观分析。只有正确找出了主客观原因，才能解决人生发展的障碍，把握今后的努力方向。此阶段的另一个任务是继续“充电”。

50 ~ 60 岁时，是人生的转折期，无论是在事业上继续发展，还是准备退休，都面临转折问题。主要内容应包括以下几个方面：一是确定退休后的二三十年内，你准备干点什么，然后根据目标，制定行动方案；二是学习退休后的工作技能，最好是在退休前 3 年开始着手学习；三是了解退休后再就业的有关政策；四是寻找工作机会，确定一个收入目标。这样，才能使自己在退休后的老年生活有所寄托。

下面，我们通过列表将中长期的人生目标及其实现方式列出来，有

人生阶段目标

人生阶段（岁）	阶段目标	主要任务	努力方向
20 ~ 30	起点目标：准备从事什么职业。	培养所从事职业需要的知识和能力。	针对知识和能力上的一些不足努力。
30 ~ 40	中期目标：有一定成就。修订目标。	职位提升和收入增加的具体任务。	及时调整知识和能力结构，瞄准晋升。
40 ~ 50	收获人生理想，下一阶段目标。	充电、整顿自己，并找出主客观原因。	努力实现人生理想，找出自己的差距。
50 ~ 60	进一步检查人生理想。退休后准备干什么，怎样寻找工作机会。	继续实现人生理想。确定退休后的收入计划、休息计划。	塑造自己的人格。学习退休后需要的知识和技能。

利于进行对比。

目标可以给人的行为设定明确的方向：使人充分了解每个行为的目的；使自己知道什么是最重要的，有助于合理安排时间；目标可以促使自己未雨绸缪，把握今天；可以使人清晰地评估自己每个行为的进展，正面检讨每个行为的效率；能够使人把重点从工作本身转移到工作的成果上来；使人在没有得到结果之前，就能看到自己的成绩，从而产生持续的信心、热情与行动力。

当规划好自己各阶段的目标任务之后，就要按照这个目标和任务，认真实施，持之以恒。只有持之以恒，坚持不懈，才能摘取到胜利的果实。

4 培养核心竞争力

李斌，中专毕业，毕业后被分配到一个基层税务所工作，由于他勤奋好学，业务十分出色，在税务所工作才两年就被调到县税务局去了，他查账效率很高，成了税务领导的得力干将。1992年后他不满足于原来的生活，一个人到广州去打工，在广州，他同时做三个单位的会计，没多久，他就到一个大公司做会计主管，就在这个大公司，他考取了注册会计师资格。现在，李斌事业如鱼得水，已经过上了十分富裕的生活。为什么他这么“幸运”呢？因为他有特别的才华，有出色的会计业务能力，任何错综复杂的账务经过他一处理，就井井有条了。正是这种出色的业务能力使他成为各公司争相抢夺的人才。

像李斌这样的抢手人才不管在竞争多么激烈的社会里都有他发挥才能的天地，因为他就是闪光的金子，他走到哪里，就能给哪里带来效益。他的闪光之处就于在他的个人素质里面有一种别人缺乏的、不可能模仿的核心竞争力。人只要掌握了稀缺性，就掌握了财富，因为越是稀少的东西越值钱，李斌的业务能力是别人缺乏的。一般的会计只能按部就班地做账，而李斌却可以轻而易举地以最快的速度、有效地处理账务。

随着经济全球化的快速发展，我们每个人都要面对国际竞争国内化的挑战，人才竞争越来越激烈。在日益激烈的市场竞争中，个人如何面对这样的挑战呢？唯一的途径就是提高自己的竞争力，形成一种人无我有、人有我优的优势，而且这个竞争力应当如企业一样具有一种核心竞争力，即个人所自身所拥有的核心资源是“偷不去、买不来、拆不开、带不走、溜不掉的”。现在，在国内城市中，特别是大城市中，大学生满街都是，甚至博士、硕士都可以随便抓一大把，这么多的人掌握的都是一般的基础知识，而在现在这种信息流快速、多样的社会，一般的基础知识并不见得能够给企业带来多大经济效益。而如果某人有一种独特的知识和技术运用能力，有特别的风格，并且，这种能力和风格是企业真正需要的，能够为企业带来比较高的经济效益，那么，他在人才市场上就具有一种核心竞争力。

那么，一个人怎样形成核心竞争力呢？只有知识并不能形成核心竞争力，知识要转化为自己的核心竞争力还需要在实践中灵活运用，并独具一格。

现在，市场上需要什么样的人才呢？在现代社会，知识只是现成的、死的东西，而善于运用现有的知识进行创造性的开发、发现、发明，才能给企业带来经济效益。当今社会，许多发明、发现都是产生在学科交叉的领域，理工交叉、文理交叉、行业交叉、技术和管理交叉等领域都容易产生新的发明、发现，形成高效的管理模式，形成独特的技术运用方式等。而这些，都是别人学不到、模仿不了的核心竞争力。所以，现在，拥有跨学科的基础知识和某一方面的专业知识，并能够灵活运用这些知识进行创造的人才特别受到市场的青睐。

另一种受到市场青睐的人才就是掌握了一定的基础知识，电脑、外语熟练，综合素质高，有比较好的写作能力、交际能力、推销能力、管理能力、组织能力、协调能力、技术运用能力等多方面能力的复合型人才。这种人才往往八面玲珑、干劲十足，做工作很容易拓展新局面，企业就需要这样的人才来迅速拓展国际、国内市场，提高企业管理效率。

现在，中国经济已经全面走向国际市场，国际上的大型跨国公司也大都在中国设有分公司。因此，市场上特别需要那些掌握国际商业规则、懂得国际法、外语熟练的高级金融工程师、精算师、理财规划师、信息咨询师、经济咨询师等高端人才，这些人才都很受市场青睐。

还有一种受到市场青睐的人才是掌握了扎实的基础知识和专业知识，具有某方面专业技术运用能力，善于进行技术改造和技术开发、动手能力强的高级技师，即“灰领”人才。

从以上受到市场青睐的几种人才可以看出，个人核心竞争力的基础是知识，核心是创造和能力，其他像个人品格、习惯等是外环。知道了形成个人人力资本核心竞争力的主要因素之后，就可以在自己的学习和工作中，在日常的生活中，不断积累这些核心竞争力需要的综合素质。多学习一些跨学科的知识，着力培养自己的创造性思维能力、综合运用知识的能力、推销能力、交际能力等各方面的能力，形成自己独具一格的创造能力；或者在现有知识的基础上，学习相关的技术，着力培养自己的动手能力；或者在外语基础好的条件下，学习国际上最新的、适应市场需要和企业开拓国外市场的前沿知识；或者多学习一些跨行业、跨系统、跨专业的前沿知识，并着力将不同领域的知识综合运用，产生新的思维、新的方法。

总之，有意识地形成自己的核心竞争力，必须在“人无我有，人有我优”上下功夫。大家都学到的知识，我可不可以比别人提高一步，在此基础上产生新的东西；大家都有的技术，我可不可以再上升一步，在这种技术上更加拔尖；能不能发现自己独特的潜能，着力开发这种别人没有的潜能；有没有掌握国际上最前沿的知识和能力。有多少个人就有多少种独特的潜能，但我们绝大多数人都没有很好地开发它。所以，学习基础知识和专业知识只是一个开端，要使自己在市场上受到青睐，就需要着力开发自己独特的潜能，并使这种潜能形成一种别人缺少的才能。正是基于此，世界成功学大师奥里森·马登说：“我们每一个人都可以成为天才。”

经济学课堂

核心竞争力

核心竞争力是一种超越竞争对手的内在能力，是企业（个人）独有的、比竞争对手强大的、具有持久力的某种优势。这是在1990年由美国著名管理学家普拉哈德和哈默尔提出的概念。他认为，随着世界的发展变化，竞争加剧，企业的成功取决于企业的核心竞争力。现代企业的核心竞争力由三个环组成：核心是知识，第二个环是企业制度，第三个环是资源要素，包括人才、技术、资金、自然资源等。核心竞争力具有三个特征，即整体性、不可重复性和排他性。

5 执着与勤奋来自对成功的渴望

有一位将军在前线作战连续失败了8次，将士们抱怨的情绪越来越强烈，将军自己也十分沮丧，感到无颜见江东父老。一天，他很无聊地躺在床上，呆望着乱糟糟、没来得及收拾的房间。突然，一只蜘蛛吸引了他。他看见墙壁上一只蜘蛛在往上爬，爬到快到屋顶时又摔下来，或者爬到中间又掉下来，掉下来了又往上爬，一次又一次，一共爬了19次。最终，那只蜘蛛爬上了顶点。将军见此情景，心头思绪万千："一只蜘蛛尚且不怕失败，在一次次失败后仍坚持往上爬，我一个将军难道还不如一只蜘蛛吗？我不能在失败面前倒下，跌倒了，再爬起来，我们一定能胜利！"于是，将军再次召集下属研究敌我形势，并把他看到的蜘蛛爬墙的故事讲给战士们听。在将军的带动和鼓舞下，这支军队一鼓作气，反败为胜，终于取得了战争的最后胜利。

为什么蜘蛛的行为对将军产生那么大的激励力量呢？蜘蛛之所以一次次跌下还要往上爬，完全是为了生存，爬上去是它求生的本能，也是它利益最大化的唯一选择。作为一只比较低级的动物尚且如此执着，一位将军怎么能面对失败就灰心丧气呢？作为将军的下属，听了这个故事也会有同样的感触。所以，就这么一个小小动物的形象就唤起了将军和战士们的斗志，最终反败为胜。

人人都渴望成功，都希望以最少的付出获得最大的收益，但真正成功的人并不多。为什么会这样呢？人生的成功需要有规划、正确的方式和方法外，更需要持之以恒的努力，天上不可能掉下馅饼，我们为自己的人生付出了多少努力，就有多少回报。有投入，才有产出，投入少，产出少；投入多，产出也多。人生也要善于经营，一分耕耘，一分收获。

人生成功和经营企业是一样的道理，只有那些有远大理想和长远奋斗的人生目标的人，才具有持久的动力。在人生路途中，总有许多不可预测的风险和困难，有许许多多不良的外部条件和自身的条件常常阻挡自己前进。有一个清晰而长期的人生目标，并自始至终不更改这样的目标，遇到困难和障碍时，自己就会想方设法克服困难，排除障碍。或者在某一个阶段，发现自己的知识和能力还有不足的地方，就会及时改进，增强这方面的知识和能力。这样，由于方向准确，大多数的努力都不会白费，即使暂时走了一些弯路，也会加倍努力，及时赶往前面的目标。而且，有了自己的人生目标，并执着地实现这样的目标，其时间利用效率也能逐渐提高。虽然，有时会感到很累，但继续坚持下去就会有一种“那人却在灯火阑珊处”的感觉。如果没有对成功的渴望和执着，没有一个长期而清晰的目标，就容易在小小的成绩面前沾沾自喜，止步不前，或者遇到一定的困难就退却。半途而废往往就容易前功尽弃，造成巨大的沉没成本。我们常常看到，很多人学习英语，开始时，雄心勃勃，但由于没有一种对成功的执着和渴望，到了一定程度就被困难吓倒，或者满足于现有的状况，而使英语水平难以再提高，一段时间过去了，英语水平又降低了。

由此可见，有自己清晰而长远的人生目标，并坚持不懈地为之奋斗，能有效地利用时间，使自己一生中的时间都发挥最大的效率，这其实就是增加了自己的财富，也更容易走向成功，而真正能够长期坚持这样到的人很少。所以说，执着和勤奋是个人成功的必备要素。

经济学课堂

资源

资源是指人们可以用于生产和生活的各种物质资料和手段，包括有形的资源和无形的资源、经济资源和非经济资源。有形的资源主要是指有物质形态的资源，如矿产资源、水资源、土地资源、森林资源等；无形的资源主要是指以知识和智力形式存在的资源，包括信息资源、知识产权、人际关系资源等。经济资源是指具有稀缺性，需要通过经济手段才能获得的资源；非经济资源主要是指数量丰富，不需要或无法通过经济手段获得的资源，如空气、一些边远山区的水资源等。

第二章 教育投资怎样回报你

根据投资理论，不能把鸡蛋都放进一个篮子里，因为，任何投资都存在风险。但是，有一种投资却较为稳妥，这就是教育。教育投资不是没有风险，而是相对于其他的投资来说风险低而收益高，所以，才会有再贫困的家庭也要倾其所有，甚至到处借贷来让孩子接受教育的现象，才会有“哈佛的毕业生就是牛”和“学习型人才最有前途”这样的共识。

1 人力资本的价值取决于教育

村里有两户人家，其中一户有两个儿子，一个女儿，两个儿子都考上了大学。而另一户人家有八个儿子，两个女儿，没有一个考上了大学。以前，这两户人家的生活水平相当，但现在这两户人家的生活水平发生了很大的变化。有两个儿子上大学的人家早就达到了小康水平，一个在县城工作，一个在省城工作，其后代可以在县城和省城接受良好的教育，让附近的村民都很羡慕那户有八个儿子的人家却只能在家耕种着几亩田地，兄弟之间还要为了建新房子的地皮而争吵不已，其后代的教育差了一大截。很显然，那户八个儿子都没有上大学的人家所创造的总收入还不如其邻居两个儿子创造的收入。所以，村民在对比这两个家庭时说：“儿子不要多，只要精。”

村民的言外之意是：“精品”儿子创造的价值自然高于“非精品”儿子。这个“精”指的就是具有较高价值的人力资本。

在这里，我们有必要解释一下什么是人力资本。马克思说：“资本是能够带来剩余价值的价值。”所以，我们说资本是一个价值概念，而作为资本的一个特殊形态的人力资本当然也就是一个价值概念了。它是为了获取剩余价值而投入商品生产的劳动力，它具有其他资本共有的特性：投资性、逐利性、价值性、有限性和增值性等。与物质资本一样，不是所有人力资源都能成为人力资本，只有从事技术革新和技术发明、生产经营管理等，创造出更大剩余价值的那部分人的劳动力，才能称为人力资本。也就是说，人力资本是通过人的有效劳动创造的价值体现出来的，失去劳动力的人或不参加劳动的人，因为不能创造价值，因而也就失去了人力资本。如果一个人一生的劳动价值能超过对他的投资成本，则他具有的人力资本就产生了收益，否则他的人力资本就亏损。

现在我们探讨人力资本投资问题，即如何通过人力资本投资增加人力资本的价值。

放羊娃的故事一度流传得非常广泛。“放羊做什么？”“挣钱。”“挣钱做什么？”“娶媳妇。”“娶媳妇做什么？”“生娃。”“生娃做什么？”“放羊。”在这简单的轮回中，放羊娃以及他后代的人力资本的价值基本上没有什么提高，虽然他们也具有一定的价值。

现在我们设想有一个村子，在这里，大量的农民耕种着自己的土地，生产出仅够养活自己的粮食，这个村子里的每一个人都能吃饱，但没有一个人比他人过得好。这时，如果有一个同样没有任何技术的外人到这个村子找工作，那么他不可能在这个村子里找到工作。但是，如果去这个村子找工作的外人是个农学博士，他发明了一种新的技术可以提高粮食的产量，那么他就可以出售自己的农业技术换取其生活所必需的粮食，这样，整个村子就会由于这个农学博士的到来而改变很多。农民生产的粮食不仅够自己吃，还可以出售赚钱。这个博士完全可以用他的农业技术换取农民的钱，而不是粮食，并使整个村子的生活水平也随之提高，生活水平提高以后，他们可以请较好的老师来教育他们的孩子，这样，他们的后代又可以超过他们自己。

这就给出了一个让人力资本增值的方法——个人教育投资。

前面我们已经说过，人作为一种资本是最具有投资性的。人是最廉价的，也是最高等、最复杂的机器。人吃进去的是五谷杂粮，产生的是高度的文明智慧，而这之间起着主导作用的是教育。人力资本的创始人舒尔茨就曾指出，人力资本的取得并不是毫无代价的，其费用主要包括教育投资、保健投资和用于劳动力流动的支出等，其中最主要的是教育投资。

教育投资也是一项回报率最高的投资。舒尔茨曾做过这样的测算：

在美国半个多世纪的经济(GDP)增长中，物质资源投资增加4.5倍，收益提高3.5倍；人力资本投资增加3.5倍，收益却提高了17.5倍。而在人力资本投资中，学校教育又是关键一环，“知识是生产中最强大的引擎”。舒尔茨通过对1929～1957年美国教育投资与经济增长关系的定量研究测算出：各级教育投资的平均收益率为17%；教育对国民经济增长的贡献率为33%。

教育投资是回报率最高的投资，这一点同样适用于个人。个人为了获取较高的经济收入，通常情况下都是通过提高教育水平来实现的。因为一个人对社会财富分配的多少取决于自身对财富创造的多寡，知识越多，创造财富的本领就大，获得的财富也就越多。

其实，绝大多数人已经意识到了这一点，否则教育就不会成为现代人首要的投资对象。有资料分析表明，居民存款的动机主要有两个：一个是养老防病，另一个是为子女上大学做准备。而且，后者的动机强于前者。

那么，个人教育投资是如何使人力资本增值并获益的呢？请看下面的图示：

教育投资收益

满足受教育需求	获得知识技能
满足个人的求知欲望	提高个人的知识能力水平
实现个人价值	获得更多的就业机会
使个人更能适应社会需要	获得更高的报酬

从我国的现状看，不仅个人为满足自己的求知欲需要教育，为获得并胜任本职工作需要教育，而且为在社会中有一席之地更要拥有娴熟的知识技能。目前，我国就业市场的绝大部分的职位都要求具有相当学历，高中学历是基本的，大学学历是普遍的，研究生学历是理想的。随着21世纪知识经济、信息时代的到来，个人的知识量与工作的稳定性已经变得密不可分，人们只有掌握更多的知识，更好地运用知识，提高自己的工作能力，才能够跟得上时代的发展。

另外，不管是从历史还是现实角度，个人的收入与其所受的教育成正比这一点是不容怀疑的。在我国更是这样，因为存在城乡差别以及干部与工人工资制度和待遇的差异，从农村考入中专以上学校的学生，毕业后在就业、户口、工资、住房、医疗、独生子女保障上都优于未受教育者。除此之外，还会有一些特殊的照顾。并且，从政治地位看，受教育程度高的人也要明显高于受教育程度低的人。

不仅如此，教育还可以提高个人的眼界和见识。一个接受了中专教育的学生，他的想法通常会比一个没有受过这种教育的普通人高明一些，胆子也会更大一些，比如一般的农民只会按传统的方式种植庄稼、养鱼、养猪等，而学过农学的中专生就会想到怎样选择最优良的作物品种，怎样搭配饲料养鱼、养猪，甚至他会想到办一个养猪场。如果他是一个农学博士，他可能会考虑怎样运用最先进的农业技术，如果有足够的资金的话，他还会考虑办一个大型的蔬菜生产厂或大型的立体养殖场，从而使其产值在若干年后达到一个相当的数量级别，而不仅仅是诸如“盖个小洋楼”的一般理想。

由此可见，人力资本的价值的确取决于教育，教育与个人终生所从事的事业、个人的前途、生活状况以及个性发展有着紧密的联系，因而个人是必须要接受教育的，个人与家庭必须要把教育当作投资来对待。

既然个人教育是一项投资，那么投资者和被投资的对象——学生就一定要力争实现提高效率的投资目的，这是一个无可厚非的事实。可是，事实却很让人失望。很长一段时间以来，因为我国的高等教育一直是严进宽出，分配工作，致使一部分学生在经过严格的高考后有了在大学阶段“喘息”的思想，因为学好学坏无关紧要，即使学业成绩不佳而留级，对个人的经济损失也不大，所以一部分大学生的学习积极性并不高，以为进了大学就万事大吉了，出现了“为上学而上学”的盲目现象，甚至家长也没有意识到教育投资的本质和深远意义。

不过，随着我国教育制度的改革，随着大学的扩招，已经打破了大学生“进了大学就等于进了保险箱”的思想，严峻的现实已经摆在了他们面前——毕业也不一定能就业了，个人教育投资已经与学生的经济利益紧密地联系在了一起，这迫使大学生们不得不珍惜现有的学习机会，为了将来能够偿还预先垫付的资金（学费）发愤学习，掌握扎实的专业知识，以提高自身的能力，使自己的人力资本增值。这样一来，个人教育投资才有机会获得收益。

还有一个问题，如果没有能力接受学校教育的话，那人力资本是不是就不具价值了呢？当然不是，教育的内涵很大，除了学校教育，还有许多渠道可以提升我们的人力资本价值，全看你是否用心。

经济学课堂

人力资本

人力资本理论的创始人是1979年诺贝尔经济学奖获得者、美国经济学家西奥多·舒尔茨，其主要观点是：(1) 人力资本是体现在劳动者身上的知识、能力和健康等，它是以劳动者的数量和质量表示的资本。(2) 人力资本是通过对人的投资而形成的，这些投资主要包括：用于提高劳动力质量的教育和培训的支出，用于增加未来劳动力数量和提高现有劳动力身体素质的卫生保健费用的支出等。(3) 人力资本是推动经济增长的最重要的动力源泉。(4) 人力资本投资的核心是教育投资。

GDP

GDP是按市场价格计算的国内生产总值的简称，即一个国家（或地区）所有常住单位在一定时期内生产活动的最终成果。一般来说，国内生产总值有三种形态，即价值形态、收入形态和产品形态。从价值形态看，它是所有常驻单位在一定时期内生产的全部货物和服务价值与同期投入的全部非固定资产货物和服务价值的差额，即所有常驻单位的增加值之和；从收入形态看，它是所有常驻单位在一定时期内直接创造的收入之和；从产品形态看，它是最终使用的 货物和服务减去进口的货物和服务。

2 大学生到底要花多少钱

教育投资是一种人力资本的投资，受教育者个人或其家庭之所以要负担部分教育投资，是因为他们受教育可以获得经济的、非经济的收益。根据利益获得原则，家庭必须支付部分教育费用。所谓利益获得原则是指：谁从教育中获得好处和利益（无论是直接还是间接），谁就应支付教育经费；获得的好处和利益越多，所需要支付的费用就越多。反之，获得的好处和利益越少，支付的费用便越少，它集中体现了市场经济中等价交换的原则。因为，受过高等教育的人可以获得显著的人力资本优势，在将来能够从事报酬更高的工作，所以，受教育者本人为其教育付费是必然的，也是必需的。

其实，个人对教育投资就像投资炒股或炒期货一样，就是你的投资要在将来必须给你带来收益，收益越高，这种投资就越值得。想一想，如果某个人对他的未来进行投资，难道这种投资需要完全由国家或社会来投入吗？这正如你炒股，总不可能让别人来为那个炒股的人预付资金吧。当然，国家和社会也从教育投资中取得了好处和利益，所以，国家也负担了一部分教育费用。

这里说的为教育付费就是教育的成本，这些成本包括直接成本和间接成本。直接成本主要是指为教育支付的学杂费、学生购买书本和学习用具的费用等直接与学习有关的费用。教育的直接成本根据不同的学习阶段和不同地方有一些差别，在比较低级的阶段，费用比较低，越往高级费用越高，从小学、中学到大学，再到研究生，费用不断上升，即呈现成本不断递增的趋势，也就是说，其边际成本是递增的。小学一年级的各种教育费用支出只要二三百元，到中学就需要六七百元，而上大学就需要几千元，甚至上万元钱。

间接的成本包括学生的交友成本、机会成本和风险成本等。教育的机会成本主要是指学生选择上学而放弃的工作机会，或放弃的休息、玩耍、结婚等机会的成本。风险成本是指学生上学后如果不能毕业，或者毕业后找不到工作面临失业，从而使教育投资没有得到预期收益而产生的成本。比如有的学生考了几次大学都没有考上，只好留在家里待业，那么其对教育支付的费用就损失了，因为没有产生预期的收益。或者上了大学但毕业后没找到工作，其投资也没有产生预期的收益。在这里，教育风险和教育的机会成本问题暂时不详细讨论，留待后面的文章专门探讨。

我们可以通过下面的图表，更直观地看出教育的各项成本。

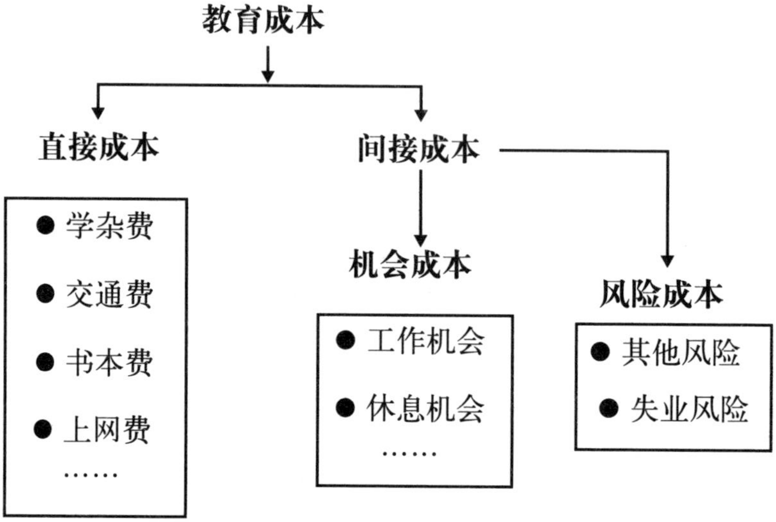

当然，如果家庭经济比较困难，可以选择比较省钱的教育渠道，即在填报大学录取志愿时选择那些生活水平不高的城市上大学，像学习成绩很好的学生就可以选择安徽的中国科技大学，这所大学在中国相当出色，且合肥的生活费用不高。或者可以上了大学以后加倍努力，争取多拿一些奖学金，减轻家庭的经济负担。还可以选择西安交通大学、兰州大学、四川大学等。如果选择广东省的中山大学、暨南大学，浙江省的浙江大学、温州大学等，那里生活水平就很高了，需要支出的生活费用比经济不够发达省份的大学要高很多。如果在中学学习成绩一般的学生可以选择离家比较近的大学，即本省或邻省的大学。对于家庭比较贫困的大学生来说，交通费也是一笔不小的开支，路途比较遥远的大学需要较多的交通费。

上大学能不能尽量少花钱呢？学费和生活费肯定少不了。但是，学生可以在学校和寒暑假期间勤工俭学，赚些钱贴补自己所花的费用，比如一些家教等兼职工作。在一些发达国家，即使家庭相当富裕的学生也要勤工俭学，不依靠自己的父母。寒暑假找些工作干不仅能够减轻家庭的负担，而且还能锻炼自己的工作能力，有利于更快地适应社会。只要大学生不怕苦、不怕累，能放下大学生的架子，为自己赚点学杂费肯定是没问题的。

经济学课堂

边际成本

边际成本指在生产中每增加1单位产量所引起的总成本的增加量，它有长期和短期之分。短期边际成本因为边际收益递减规律的作用而不断增加；长期边际成本可能上升、下降或不变，这取决于当前出现的是规模经济还是规模不经济。

机会成本

机会成本是指因选择行为而产生的成本，也称选择成本。机会成本的概念对分析资源的有效使用具有重要作用。因为，资源的稀缺性是个不可否认的事实，把资源用于某种用途就会放弃其他的选择，如果要使资源得到最有效的运用，就要把它用于生产最能满足社会需要并能使产量最大化的商品的生产。机会成本的概念也用于具体生活中，人们为追求利益的最大化，一个人在做出某项选择时就要放弃其他的选择。

3 为什么哈佛的毕业生那么有优势

人们只要谈起哈佛大学必然会肃然起敬，能够上哈佛就意味着这个人是“顶尖级”的人才。中国经济学的一代宗师陈岱孙先生就是哈佛大学毕业的博士，他的同班同学俄林、张伯伦等都是美国经济学界的杰出代表，在经济学说史上有其显著的位置，而陈先生在哈佛的学业还要超过他们。在美国，哈佛大学就是能够产生许多政界高官、商业奇才、科学巨匠，哈佛的MBA就比一般大学的博士后还要有优势。

为什么哈佛的毕业生那么有优势呢？哈佛的神秘力量来自于建校350年以来校友们的卓越成就，哈佛颁发的学位具有至高无上的声望。对哈佛的校友来说，服务于政府部门已经成为一种传统。他们同华盛顿外交政策的制定工作有密切的、牢固的联系。哈佛学生在毕业后进入社会要害部门，且形成一个联系紧密的群体，发挥着群体的巨大力量。哈佛大学由于其学生都是很拔尖的人才，他们走上社会后，大多有比较大的成就，所以，对于哈佛大学毕业的人来说，他们的那些同学也是他们事业中起重要作用的人脉资源。

世界名牌大学的牛还体现在其大学毕业生毕业后的高收入上。据美国普林斯顿大学的调查，美国的哈佛、耶鲁等名牌大学的毕业生年均收入为9.2万美元，而美国一般大学毕业生的年均收入只有2.2万美元。美国名牌大学毕业生的收入比一般大学高出4倍多。

教育投资和任何投资一样，也是要追逐利润或收益的，哪里收益高，投资就趋向哪里。市场经济就是可以给人们提供更多的机会和选择，选择得好，就能够取得较高的收益，选择不好，收益就比较低。在企业投资中，越是高收益的行业和产业，就越容易获得投资。教育投资也是如此，通过以上的分析，我们知道，名牌大学的预期收益比一般大学高出许多，所以，教育投资也必然趋向于名牌大学。但名牌大学毕业生的收益率不会趋向于平均收益率。

有的人会说，为什么非得上名牌大学呢？名牌大学只是牌子响亮而已，有很多名牌大学的毕业生不是也成绩平平吗？现在，上大学主要是为了找一份好工作，只要学比较热门的专业，一样可以找到好工作。当然，热门的专业对找工作肯定有好处，但凡是比较热门的专业都热不了几年，就如20世纪80年代时，会计专业很吃香，很多人都去学会计专业，但到了20世纪90年代，会计专业的人才就相对过剩了。而且，热门的专业竞争也很激烈，报考的难度也是比较大的。况且，从准备选择专业到大学毕业，也有四五年的时间，经过了四五年，往往热门的专业就不再热门了。而且选择比较热门的专业，不一定就适合读这个专业，因为专业的选择与特长的关系更大，即有某方面天赋的人学某种专业更好。比如，有绘画天赋的人学建筑专业就更容易出成果。

但是，报考名牌大学就不一样了。一是名牌大学牌子比较响亮，有品牌价值。名牌大学的品牌也是无形资产，对其毕业生一生都有比较大的影响。当问某个人是什么大学毕业时，如果他回答说是北大毕业，大家就可能对他刮目相看。因为，判断一个人的能力并不容易，需要很长的时间，而名牌大学的品牌给他人的就是一个高层次人才的感觉。二是名牌大学里面的那种良好的文化环境有利于提高大学生的全面素质。例如，我国的清华大学，其名声主要来自于清华有一批出类拔萃的、甘愿奉献的大师。清华的校长梅贻琦先生早就指出："大学非大楼者，乃大师之谓也。"清华就是由于有陈寅恪、王国维、闻一多、吴晗等一批顶尖的大师才使清华享誉海内外，正是这些大师使清华能够"人文日新"。更重要的是，长期以来，清华一直奉行严谨、认真、务实的精神，对学生要求十分严格。这些对于学生们来说，都是比一般大学优越得多的学习条件。而且，清华优越的科研教学条件、丰富的图书馆藏书、良好的学习氛围、优质的同学资源也在潜移默化地陶冶着其学生的综合素质。

一旦能够考上像清华这样的名牌大学，只要大学生在大学里善于抓住难得的教育机会，就可以迅速提高自己的文化素养和整体素质。另外，在名牌大学上过学的学生们，其理想和抱负比在一般大学的学生要高许多，因为，他在名牌大学接触的都是比较出色的老师和年轻人，这些年轻人之间也会相互影响。

在我国，从各大学到中科院等研究机构，从各个大型企业到各级中高层政府机关都有像清华这样的名牌大学的毕业生，一些还是其专业领域出类拔萃的人物，对于名牌大学的毕业生来说，他们一毕业就有比别人优越很多的人脉资源，或者说他们的事业起点远高出一般大学的毕业生。中国的一些名牌大学的毕业生在走向工作岗位后，比一般大学的毕业生在收入上起码要高出一倍以上，甚至有的技术性专业的名牌大学毕业生的收入要高出一般大学毕业生好几倍。因为名牌大学的毕业生较易进入一些知名度高、效益高的企业。一些大型跨国公司就专门到北大、清华、复旦等名牌大学猎取高才生，这些大型公司的收入比一般企业高出好几倍。而毕业于一般大学的人，通常就只能进二流甚至三流的企业和其他单位。要在这个社会更具有竞争力，就需要有比别人更高的起点，而名牌大学的毕业生，其起点就是比一般大学的毕业生高。

正是因为这样，现在社会上存在一种崇拜名牌大学的浪潮。有的学生不惜一切代价，宁愿一年一年地复读，也要上北大、清华等名牌大学。

经济学课堂

品牌

品牌其实是产品概念对应的消费群体的情感需求，是该产品对应的消费者情感价值的具体体现。所以品牌就是满足产品对应的消费者的情感价值的东西。品牌是覆盖在产品上的一种情感认同，它是产品对应群体的情感价值的满足。这种被认同的价值是很多元素组合的结果，是需要时间的，因为这不是一个简单的利益价值认同，而是一个心理情感的价值认同。

无形资产

无形资产的“无形”不是绝对的无形，它是相对有形固定资产而言。无形资产是指一定主体所控制的、不具实物形态、对生产经营长期发挥作用且能带来经济利益的资源。无形资产主要是以知识形态存在的，是集经济、技术、法律为一体的重要资源和生产力要素，包括专利权、商标权、厂商名称、著作权、设计权以及技术秘密和经营秘密等众多内容。

第三章
人脉为什么重要

多个朋友多条路，多个冤家多堵墙；会说话，朋友遍天下。在事业发展的过程中，人际关系是相当重要的因素，只有多交朋友，处理好人际关系，善于寻找生命中的贵人，善于利用人脉资源的场效应，才能在人生奋斗中事半功倍，干好事业，取得更大的成绩。否则，在干事业的过程中只会麻烦、阻碍不断，或者空有学识和才能而得不到发挥的机会。

1 人脉是一种资源

比尔·盖茨刚刚创立微软的时候，只是一个名不见经传的小人物，但在他20岁的那年，他签订了一份巨额订单，对方就是当时世界第一强的电脑公司——IBM。为什么比尔·盖茨能够得到这份一般人想都不敢想的订单呢？原因之一是比尔·盖茨善于利用丰富的人际关系网。他的这个关系网包括四个层次。第一层是他的母亲，他的母亲是IBM的董事之一；第二层是他的两位重要的合伙人——保罗·艾伦和史蒂芬，这两位合伙人不仅把他们的聪明才智贡献给了微软，而且把他们的关系网也带进了微软；第三个层次是国外的关系网，比尔·盖茨在日本有位好友彦西，他为微软开拓日本市场立下了汗马功劳；第四个层次是盖茨雇用了一批优秀的、可委以重任的、能与其分担忧愁的、善于沟通的下属来一起工作。正是这些关系从一开始就成就了微软的大业。

比尔·盖茨为什么能够成为世界首富？不可否认，他有一种独特的天赋，即企业家才能，正是这种稀有的才能让他赚取了巨额的财富。但不可忽视是，他善于利用和经营关系是他成就事业的起点，正是这种关系，他事业的起点就比一般人高出数十倍。从这个例子可以看出，在现代信息社会，关系是一个人成就事业的必备资源。因为，有关系就可以让别人更快地认识我们，了解我们的才华和能力，让他人认识自己的长处，并尽快让自己的知识和能力得到发挥，可以节省时间、提高我们的学习和工作效率，降低我们做事业的成本等。如果说，在企业经营中，需要投入各种经济资源，即生产要素，才能生产出产品来的话。那么，在人生奋斗中，关系资源也是一种投入，虽然不能用一个生产函数来表示人际关系投入对人生获得的财富的贡献比率，但人们都明显感觉到良好的人际关系这种投入的收益很大。

据美国斯坦福研究中心曾经发表的一份调查报告显示，职业社会中一个人赚的钱，12.5%来自知识，87.5%来自关系。过去，企业招募人才时，专业知识、学习能力都是首要条件。但在今天的知识经济时代，技术、知识迅速更新，如果一个人具有较强的人脉资源或是懂得培养人脉网络的支持体系，那么这将极大地强化他的个人竞争力。美国洛克菲勒公司的创始人洛克菲勒曾说：“我们公司的发展，95%是靠我们优秀的员工，只有5%是靠石油。因为石油放在那里是不会跑的，而我们寻找石油、开采石油、炼制石油、销售石油都需要员工的帮忙。可以说，正是我们的员工和他们的人际关系，创造了洛克菲勒的神话，让我们公司有了今天的成就。”

人是以群居为重要社会形态生存着的，这就使得我们的生活中就会有许多关系网，而与我们有着千丝万缕联系的每个人又会在不同的行业、领域占有一席之地，发挥着不同的作用。很可能在将来的某一天，他们就会在需要的时刻给予我们帮助。所以，从表面上看，人脉不是直接的财富，不能直接换来房子、票子、车子，但是，如果没有它，我们就只能固守着自己那点可怜的原始资本，甚至于连那点原始资本都守不住。

一个人脉竞争力强的人，他拥有的人脉资源就会比别人更多。在平时，这些人脉资源可以让他比别人更快速地获取有用的信息，进而转换成职位升迁、获得财富、取得成功的机会；在危急或关键时刻，也往往可以发挥转危为安的作用。拥有良好的关系资源，就可以有更多办事的路子，从而提高办事效率，节约宝贵的时间，这其实就是增加了财富。所以，人际关系资源是一种潜在的财富，一旦我们用上了，就能使其转化成为真正的财富。

比如，一个人在某个公司工作，他在政府机关、金融界、大学，甚至国外都有很多朋友，那他所在的公司如果需要最先了解国家的政策方向，或者要和大学的科研机构合作开发项目，或者需要更多的贷款，或者需要到国外开拓市场，他就可以充分利用自己的关系资源，公司派他去干这些事不仅可以节省许多时间，而且很可能大大提高了办事效率，降低企业成本。如果他从朋友那里得到的最新信息可以使本公司在该行业比其他公司占据绝对的优势，那么，可能他就在公司关键时刻让公司经营转危为安。或者就是因为他的海外关系资源，使公司产品迅速开拓国际市场，大幅度提高公司的经济效益。所以，一个人的关系资源在平时只是关系而已，但到了需要的时候，往往能够比物质资源能产生更大的生产能力，能够生产更多的利润。因为，一般的物质资源只要有钱就可以买到，而关系资源却不是金钱能买到的。这个人有其广阔的关系资源，公司就会把他当成摇钱树，当成宝物一样看待，他的人力资本价值必然大幅度上升，其收入和地位也将迅速提高。

再比如，某人在全国不少城市都有自己的朋友，而他在公司是从事推销工作的，那么，他就更容易在那些有朋友的城市迅速打开工作局面，因为，在陌生城市有朋友的帮忙，可以更快地认识不少当地的人，甚至认识一些掌握某种权力的人。从而可以销售出更多的产品，其工作效率必然比较高，其所获得的收入也必然比较多。可以说，正是因为有朋友的帮忙才让他获得更多的财富。假如另一个人刚刚大学毕业，从事技术工作，他父亲的好朋友是同一个单位的高级工程师、单位的技术骨干，他就可以从父亲的朋友那里迅速学到高超的技术能力，在短短的时间内成为技术水平较高的人员，这个财富多大呀。

所以，面对当今激烈的竞争，我们每一个人都需要在人际关系方面调整好自己的坐标，不能因为人际关系的薄弱而让自己的聪明才智、高超技能白白浪费。人脉资源可以大大提升自己的人力资本价值，发挥点石成金的作用。无论任何东西，只有在它属于自己的时候，它才能更充分、有效地发挥其应有的作用，人际关系也是如此。鉴于此，最好的办法还是要建立自己的人际关系网。因此，我们一定要把人脉资源当成自己的财富，认真地去经营它，而不要把它当成摆设，任其落满灰尘。

经济学课堂

企业家才能

企业家才能指经营企业的一种独特天赋和才能，西方经济学家认为，企业家才能是企业的生产要素之一，和劳动、资本、土地共同创造财富。经济学家熊彼特认为，企业家才能主要是指其创新才能，创新包括创造一种新的生产技术、进行新的生产组合、引进一种新的生产方法等。

2 该交什么样的朋友

小云是一位体育老师，后来在朋友的介绍下认识了一位从事推广、销售绿色营养品的朋友老李。老李在营养品的销售领域工作了10年，10年的工作经验已经把老李培养成为一位优秀的营养师。由于二人的脾气相投，老李非常喜欢和小云谈论自己的工作及工作中的感悟，并且教给小云许多有关营养学和养生之道的知识。就这样，在潜移默化中，小云学到了许多营养平衡和维护身体健康方面的知识。后来，小云想跳槽，老李建议他去健身中心，那里不仅工作很轻松，而且待遇也很高。现在，小云已经是国内一家健身中心的主教练了，这在很大程度上得益于老李的帮助。

从以上的小故事中我们可以看出，在人生奋斗中，到底应该交什么样的朋友。我们交朋友就像谈恋爱或读书一样，也是一种投入。既然是一种投入，就需要有一定的回报。在故事中，小云在事业上能够取得成功，在很大程度上靠了老李的帮助，正是他的朋友老李带给了小云全新的经验和知识，迅速提升了他的技能水平，并给他提供往高处发展的信息和机会，给了他开拓新天地的可能，使其人力资本价值上升，从而可以获得更高的收入和身心的愉悦。所以，老李就是小云事业上的朋友，如果没有这个事业上的朋友，也许小云需要摸索很长的时间，甚至于他极有可能达不到现在这样的成绩。可见，一个人多交一些能给其事业带来帮助和好处的朋友，既有利于获得更多的自身利益，也实现了朋友的价值。

在我们的事业中，需要的是地位、能力或学识等方面比我们强的朋友，因为，只有这样的朋友才能帮助我们更快地走向事业成功的道路，给我们带来更大的利益。但在我们的生命中，也需要真诚的朋友，也许某人的真诚的朋友的能力、地位、学识不如他，或者与他差不多，在事业上不能帮助他，但是，在我们面临危险的时候，在我们落魄的时候，只有真诚的朋友才能两肋插刀，救我们于危难之中。交这种朋友投入比较少，在关键时期可以大大减少我们的沉没成本。

对我们事业和生活上有帮助的朋友有很多。比如，我们从小学、中学、大学，一直到上研究生，那些同学在参加工作后会分布到各行各业，这些同学，很多都可以成为我们的朋友，因为，在学校里同学之间的感情是十分纯洁的。或许，在某个关键的时候，我们以前的老同学会对我们的事业和生活产生极大的帮助和促进作用。所以，无论我们与过去的同学分离多久，我们都应当珍惜那一段难得的缘分。在我们确定了自己的职业后，我们应当依据自己的职业交一些对我们事业上有帮助的朋友，因为这些朋友可以给他提供不少对他的事业有益的信息。有了这些基础，就可以在这个行业内有更多升迁的机会。总之，我们交朋友要以事业和生活为基准，一切有利于我们事业和生活成功的朋友，我们都应当结交。

不同的朋友，有不同的优点和长处，我们和不同的朋友相处，就可以学到他们的优点和长处，补充自己知识和能力的不足，节省自己的学习时间。朋友又可以把他的朋友介绍给我们，从而扩展我们的交际圈。朋友之间可以互助互利，让我们有更多获取利益的机会。朋友的帮助可以降低我们的风险，降低我们办事的成本，节省我们办事的时间，提高我们的学习和工作效率，给我们提供更多工作或升迁的机会，可以抚慰我们受伤的心灵等。人都是趋利的，我们交朋友也是为了最大化地实现自己的利益，所有这些能够在我们学习、工作和生活的方方面面帮助我们的朋友都应当结交。

下面，我们可以通过图示的方法更直观地看出到底该交什么样的朋友。

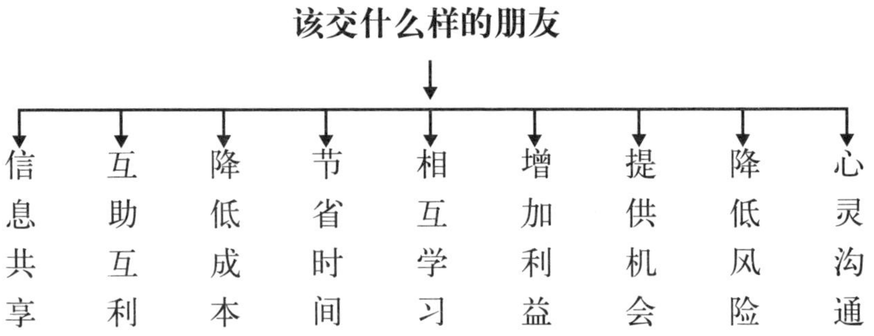

在人际交往中，很多人都带有这样或那样的偏好，即以自己的一套预先设定的标准来判断一个人的好坏，并以此决定是否与他交朋友。但往往主观的判断会产生错误，特别是容易受到“光环效应”的误导，即在朋友美好的光环笼罩下，只看到他的优点，没有看到他的缺点。光环效应有一定的负面影响，在这种心理作用下，很容易被人利用。所以，我们要学会客观地评价别人，理性地评价朋友。也就是说，我们在交朋友时要尽量避免不完全信息对我们主观的判断产生误导。因为，在不完全信息的条件下，我们自己处于一种不利的境地，我们的利益就很容易受损失。但这并不是要我们戴着有色眼镜看人，对朋友挑剔或怕被别人欺骗而不愿交朋友。而是要我们在交朋友时更加理性一点，不能意气用事，既要看到朋友的优点，也要看到其缺点，尽量回避其缺点对自己造成的损失，发扬其优点。这样，就可以尽量降低自己交朋友所产生的风险。

经济学课堂

偏好

偏好指消费者按照自己的意愿对可供选择的商品组合进行的排列。消费者消费的商品组合称为商品束，商品束可以是多种商品，也可以是一种商品。偏好是主观的，也是相对的概念。偏好关系具有两个重要的性质，即非对称性与传递性。

光环效应

当一个人在别人心目中有较好的形象时，他会被一种积极的光环所笼罩，从而也把其他良好的品质赋予他，这就是人的心理上的一种“光环效应”。当你对一个人产生好感时，他的身上会出现积极的、美妙的甚至是理想的光环。在这种光环的笼罩下，人为地赋予了对方很多美好的品质，一好百好，就像是“情人眼里出西施”。

3 人脉具有场效应

小凯在朋友的推荐下进了一家电脑公司，成为该公司一名销售人员，但他不懂电脑。小凯想，自己什么都不懂怎么办呢？于是，他主动找到了公司的王牌销售人员老林，说：“我愿意在一年之内，帮助你做我可以做的任何事情，条件是你教我销售技巧。”老林看到小凯真诚的样子，就答应了。在后来的日子里，小凯不仅努力学习销售技巧，而且还帮助老林做一些私人的事情，老林也逢人就夸小凯为人好。后来，老林离开了这家公司，他把所有的销售渠道都让给了小凯。老林的客户也发现小凯十分诚实守信，于是又把自己的朋友、客户介绍给小凯，让他们彼此合作。

不久后，小凯成了这家电脑公司的地区主管。小凯说："如果没有这么多朋友的帮助，我不可能进入这家电脑公司，不可能懂得电脑，不可能有那么多的客户资源，也就不可能有那么广阔的渠道。总之，没有一个比较大的关系网，我就不会有发展，或者有发展也不会这样迅速。"

在上面的故事里，小凯既不懂电脑，又不懂销售，但他很精明，很会借他人的力量成就自己的事业。他通过与公司的王牌销售人员老林搞好关系，就把这两个最大的难题解决了。不仅如此，老林还把他所有的"关系"都送给小凯，这样，小凯就以极小的成本付出，以最快的速度成就了他的事业。减少成本和节约时间都等于无形中增加了小凯的财富，真正实现了以最小成本获得最大收益的目的，可见，关系网的作用是巨大的。

在现在这样通信技术相当发达的社会，关系网是提升自己人力资本价值的重要途径。有人说，成功＝10%的知识＋20%的能力＋70%的关系。可见，在现代社会中关系的重要性。这是因为，在我们生活的世界上，与人打各种各样的交道是不可避免的，而且在生活中，这种人与人之间的关系往往是我们事业中最有价值的要素之一。

关系网之所以在个人的事业上有巨大的作用，主要是因为关系网具有场效应。某人认识了一个朋友，而朋友又认识他的朋友，通过他的朋友可以认识朋友的朋友，还可以认识朋友的朋友的朋友……这样，这个人的人脉资源就越来越广，他的事业起点也就越来越高，他可以通过他的朋友、朋友的朋友走向全国，走向世界，其事业也可以扩展到全国乃

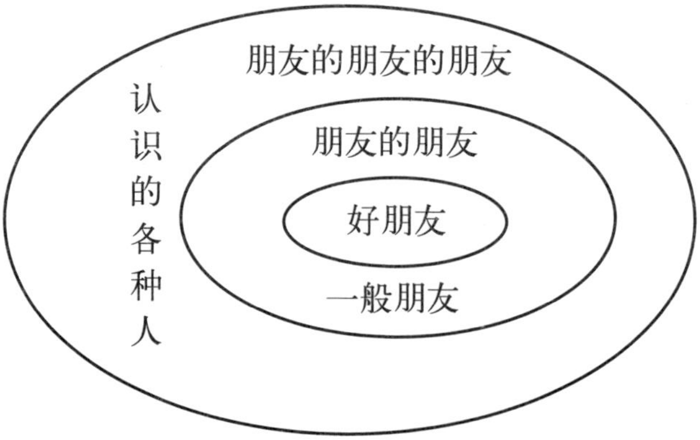

至全世界，如下图所示。

从图中可以看出，随着朋友关系的扩展，不断向外产生扩散效应或发散效应。在这个不同的朋友圈子里，大家都互相照应，从而达到互利互助，即双赢的局面，形成了一个利益共同体，朋友之间能够实现信息共享，并相互帮助。在这个利益共同体中，朋友之间可以实现优势互补，各人的长处都得到了充分发挥，并达到了利益的最大化。中国有几句俗话，“二人同心，其利断金”、“多个朋友多条路，多个冤家多堵墙”、“众人拾柴火焰高”，这也就是指朋友的关系可以达到互助互利的效果。在这里，朋友的互利互助关系也是受到经济学上所说的“一只看不见的手”的引导。也就是说，人们在利己的同时也利他了，而在利他的同时又利己了。所以，我们在建立自己的人际关系网的过程中，一定要牢牢把握一个度，即要将利己与利他有机地统一起来。由于存在朋友关系的场效应，相互的利益都达到了最大化，朋友之间的互助互利自然就产生了交朋友的规模经济效应，使自己在朋友这个圈子中实现规模报酬递增，因为朋友之间可以实现信息共享，这就减少我们的信息费、交易成本、社会成本等，降低了成本也就等于增加了我们的财富。

关系网不仅可以网罗天下英才，还可以包容天下绝技，俗话说：“林子大了，什么鸟都有。”所以，一个人完全可以通过具有不同才能和绝技的朋友使自己的实力和影响得到无限地扩大和延伸，从而在其周围形成一种“百鸟争鸣”的局面。

所以，在交朋友的过程中，我们没有必要只交那些很有能力的人，我们完全可以像经营企业那样，建立起一个稳定的团队，在这个团队里，我们完全可以唯才是用，唯关系是举，然后利用这些人才和关系发展自己，提升自己。让自己在需要信息时，可以从朋友那里迅速得到；需要跨行业、跨领域的专业知识时，可以从朋友那里学到这些专业知识；需要销售渠道时，可以从朋友那里得到众多的销售渠道；想快些升迁时，有很多朋友愿意帮忙；想要有良好的群众基础时，众多的朋友会为自己说好话；遇到麻烦和风险时，要好的朋友会挺身而出；心情不舒畅时，朋友会在旁边安慰自己，鼓励自己；想谈恋爱时，有很多朋友会热心地为自己介绍；小两口吵架时，也有朋友会从中劝解、安慰；孩子需要上什么好学校，也有朋友热心帮助。也就是说，只要关系网足够大，就有很多的朋友在我们学习、工作、生活等方方面面铺好了宽阔的大路，推着我们前进，让我们的生活越过越舒畅，越过越美好。

所以，为了生活和事业的成功，为了以最小的成本取得最大的收益，我们应当舍得在朋友身上投入，包括投入感情和金钱，因为这种投入是有回报的，具有典型的规模经济效应。

经济学课堂

场效应

场效应指由于人数众多、场地宽阔，人与人之间的相互影响和相互作用，产生了一种类似主会场那样向外扩散、传导的效应。运动员在主场比赛要比在其他地方进行比赛能更好地发挥技能，就是场效应产生的作用。

规模经济

规模经济指由于生产规模扩大而导致长期平均总成本下降的情况。产生规模经济的主要原因有：(1) 不可分的投入或技术因素；(2) 设置成本；(3) 实行更精确的分工，它有助于提高工人的技术。

交易成本

交易成本指使买者和卖者走在一起、签订合同以及获得有关信息的费用，是除价格之外影响交易的成本的总称。这一概念是科斯于 1937 年在《企业的性质》一文中正式提出的。新制度经济学认为，交易成本是制度的源泉。交易成本起源于所有权的转移，交易成本是分散的所有权、私人财产和交易的产物。交易费用或交易成本是产权理论中的一个核心概念。

4 寻找生命中的引导人

王风是一个律师事务所的实习律师，在工作中因为帮助许多当事人解决了不少问题，得到了大家的一致赞扬。但是，王风更喜欢进公司做法务工作。可是，进大型公司比较困难，需要多年的经验，刚毕业两年的王风怎么可能有这么长时间的工作经验呢？但王风想到了运用自己的人际关系。经过仔细考虑，王风锁定了一个人，就是他的表姐夫徐威，徐威的父亲是南京一家律师事务所的主任，在南京很有名气，而且担任过许多大公司的法律顾问。经过沟通，徐威在一次家庭聚会上把王风介绍给了父亲，并且说王风是一个非常有前途的人。见了一面后，王风给徐威的父亲留下了很好的印象，于是就把王风介绍给自己做法律顾问的一家大型公司，并说："王风是个值得培养的法务人员。"果然，看在徐威父亲的面子上，曾经拒绝过王风的一家公司聘请了他，并且让他在法务经理身边担任重要职务。

在这个例子中，王风的引导人就是徐威的父亲，王风之所以在事业上一路顺畅，就是因为他善于寻找生命中的引导人。年轻人进入社会，很多人都对他不了解，或者说不认识他，而人与人之间多少都存在一些戒心，即使他能力很强，也可能不敢用他，或者是因为，像他这样的人还是有很多的。所以，作为单位的领导在用人方面就有许多选择余地，选中他的概率可能就很小了。这时，要有个生命中的贵人帮助他，他就可以达到自己的目标。这就好像是有人在人生路途中给他铺好了平坦的大路，并给了他一辆汽车一样，这样，他就能很容易迅速到达目的地，而不需要走羊肠小道或爬山越岭。也就是说，贵人可以大大降低一个人事业成功的成本，提高其办事的效率，节省时间，这其实就等于多为自己创造了财富，达到了一种边际成本递减，而边际收益显著递增的效果，它与生产中发生作用的边际收益递减规律恰恰相反。所以，所谓贵人就是在适当的时候能够及时帮助我们，让我们以比较少的成本付出达到自己目的的人。人都是趋利的，寻找贵人，成本很小，而收益却很大，这种事情谁都想做。

那么，如何寻找我们生命中的引导人呢？首先，要学会建立自己的关系运用表。在我们编织的关系网中，总会有三类人：第一类是比自己强的，第二类是和自己差不多的，第三类是比自己稍差点的。也就是说，在我们的关系网中有不同的朋友，有不同的能力和水平。而引导人有丰富的经验和资源，有着他自己广阔的关系网且其能力强于自己的人，或者说是在事业的发展过程中走在自己前面的先知先觉者。所以，在我们的关系网运用表中，应当将掌握了一定资源且能力比自己强的人放在第一位，说不准哪天他们就会对自己大有帮助。但是，有时我们不一定能交到那些真正掌握了权力和资源的好朋友，这时，是不是我们就没法利用关系了呢？绝不要这样想。其实，我们不一定要直接认识我们生命中的引导人，完全可以通过能力和自己相当的朋友，甚至是能力比自己差的朋友的关系认识。如上面例子中的王风，他的表姐及表姐夫都不一定能力超过自己，但是，他的表姐夫的父亲则有丰富的经验和资源的引导人，他的表姐夫只是起了一个桥梁的作用。王风就善于利用自己的关系网资源，所以要让自己的关系网真正发挥作用，还要善于充分运用关系和调动关系。

在人的事业的成长过程中，贵人往往起着关键的作用，一个人一旦有贵人的帮助，就可以平步青云、步步高升，大大降低其事业成功的成本。但很多人往往苦于自己没有贵人的提携，甚至于觉得自己注定了没有贵人缘，其实，在现实生活中，人们只要多加留心，就很容易发现自己身边的贵人。

有研究表明：某人和世界上的任何一个人之间只隔着 6 个人。不管他和对方身处何种地位，他和这个引导人之间只隔着 6 个人，而构成这个奇妙 6 人链条中的第二个人，一定是他所认识的人，也许是他的父母，也许是他的大学同学，更可能是办公室里每天抹桌子、做清洁的阿姨。所谓机遇和贵人，就是在适当的时候出现的适当的人、事、物的组合，我们无法控制这种完美的巧合何时出现，唯一能做的，就是通过控制自己的人脉，来给自己创造更多的可能。所以，任何人只要认真、留心，肯定能够找到自己生命中的贵人。

经济学课堂

边际收益

边际收益是指增加1单位产品的销售所带来的总收益的改变量。换言之，在给定的销售量中，它是最后1单位产品的销售所取得的收益（可能是正值也可能是负值）。

边际收益递减规律

边际收益递减规律指每增加1单位产品的销售所带来的总收益的改变量是递减的，边际报酬递减规律是一个普遍的规律，它在生产领域和消费领域都起作用。根据这一法则，当其他投入不变时，如果不断增加相同数量的投入，这样所导致的产出先上升，在超过某一点后将会下降。也就是说，从每1单位新增投入得到的收益会减少。收益递减的原因是：在任何产品的生产过程中，可变生产要素投入量和固定生产要素投入量之间都存在着一个最佳的组合比例。

5 分享快乐和分担风险

有一位尊长和一位做生意的朋友十分投机，那位做生意的朋友有胆量，也很有生意头脑，但运气不佳，和自己的亲戚合作开店时被骗了，他很想东山再起，但苦于没有资金。尊长特别同情他的遭遇，于是，以自己的房产作抵押，为这位朋友在银行贷款，给他做生意。朋友不负尊长的厚望，终于把生意越做越大。但他始终不忘那位在困难时期帮助了自己的尊长，他送给尊长10万元钱作为回报，但乡长坚决不收。于是，这位酒店老板以他独到的眼光给尊长买了一些股票，没几年，尊长的这些股票就升值到近20万元钱。

这位尊长为什么会和一位落魄的生意人交上朋友呢？作为一个在基层摸爬滚打的人，对世间人的品格把握是比较准确的，他觉得这个人有能力、有魄力、讲信誉，和这样的人交朋友不会吃亏。所以，他才会尽力帮助这样的朋友。而他的朋友也懂得朋友之间既需要共患难，更需要共享受，需要投之以桃，报之以李。人家和他分担了风险，他就必须与朋友分享奋斗成果，这才是真正的朋友。所以，他无论如何都要报答这位尊长。只有在朋友之间形成了利益共享机制，才能让朋友之间的风险分担机制牢牢地确立下来。

当一个人在心灵上受到创伤时，如果有人来抚平他的伤口，他就可以很快振作起来；当一个人经济窘迫时，如果有人伸出援助之手，他就可以走出困境；当一个人在事业失意时，如果有人来激励、唤起他的意志，他就能够重新燃起斗志。只有在一个人有风险的时候，才会觉得朋友是自己命运中的希望之星。但是，如何才能让朋友帮自己承担风险呢？人家又没有欠你的，凭什么要为你承担风险呀？人都是趋利避害的，有风险，谁都想逃避。光靠一个人的良心为他人承担风险是不牢固的，因为一个人的良心好坏很难看出，而且容易随着环境的改变而改变。这就需要有一种机制，即利益共享和风险的分担机制。

过去，结交朋友往往有“金兰结义”之称，即要对天发誓：“有福同享，有难同当。”如《三国演义》中的刘关张三结义就是如此。金兰结义、对天发誓是古代朋友之间的利益共享和风险分担机制。通过对天发誓，让发誓的朋友都记住，谁要得了好处，大家一起分享，谁有困难，应当拔刀相助，谁要是违反誓言就会遭“天打雷劈”，这等于订下了无字的契约。如果其中某人违反契约，其他众多的朋友都会讨伐他，或者把他从朋友的行列中清除出去。现代人虽然不再对天发誓，但朋友之间也有一种相互的默契，谁的地位上升得快，就要帮助其他的朋友，只有这样，他的朋友才会把他推上高位。当然，朋友遇到了风险，其他的朋友也会帮助他，拉他一把。在交朋友的过程中，只有那些愿意与其朋友分享利益、分担风险的人，才能得到信任。一旦谁过于自私、独占利益，朋友有风险时就尽可能避开，他必然会失去朋友的信任，最后，没有什么朋友了。

人具有两重性，利己是个人从事一项活动的出发点，但人在利己的同时，也会利他，而利他的同时也可以利己，也就是说，利他最后还是为了利己。既然人人都有利己之心，那么，当自己处于风险之中时，有朋友鼎力相助，他必然对朋友感恩戴德，以后这个朋友有需要帮忙的地方，他必然挺身而出。所以，如果一个人善于将自己的利己之心在一定程度上转向利他的方向，将利他之心也引导到利己的方向，那么，他就更容易实现自身利益的最大化。其实，许多人都知道，暂时的利益并不是最终的利益，最终的利益才是最重要的，要取得最终的利益最大化，就必须牺牲一些暂时的利益，为朋友承担必要的风险。这就像国际贸易中，国与国相互之间的贸易不仅使双方的利益增加了，也让自己国家一部分商品生产的风险被其他国家分担了，也就是说，各个国家在分享利益的同时也分担了风险。

朋友之间的利益共享和风险分担机制不可能像保险公司那样，靠一纸带有法律效力的契约（保单）形成风险分担机制，朋友之间的这种利益和风险分担机制只能靠相互的信任和忠诚予以保障。古往今来，信任和忠诚都是比较稀缺的东西，既然是稀缺的，就很珍贵，人们必然把信任度和忠诚度高的朋友当成是一种财富，十分珍惜这样的朋友。所以，也只有那些信任度高和忠诚度高的人更容易得到朋友的信任和忠诚。朋友之间善于分享利益、分担风险，其最终的结果是使大家的利益都实现了最大化，同时又降低了风险，这比保险公司的风险分担机制的效果还要好。

经济学是以经济人假设为前提的，即承认人的利己之心，承认人的一切行为目标都是为了个人利益的最大化，但如果把这个前提进一步推到“拔一毛而利天下不为也”，那就势必把自己完全孤立了，最终什么也得不到。

有一则寓言，一只狐狸请仙鹤吃饭，狐狸把汤盛在盘子里，仙鹤的喙太长吃不到，而狐狸把汤全给吃光了。仙鹤也回请狐狸，把美味的食物装在长颈窄口的瓶子里，狐狸也吃不到，只好空着肚子回去了。这说明，一心只考虑自己的利益，最终对双方都没有好处。损人利己只会双双受害。在现代社会中，不管是国家、企业还是个人，都应当以合作实现双赢，互惠互利。好朋友之间更应当如此，不同的人有不同的优势，当某人一人得到利益时，让对方分享，那么当他受难时，朋友就会伸出援助之手。这与经济人的假设并不矛盾，因为，我们在利他的同时也利己，所以，利己必须和利他结合、统一起来，这样才能真正实现自己的利益最大化。

经济学课堂

非合作博弈

博弈论可以分为合作博弈和非合作博弈。两者的区别在于参与人在合作过程中是否能够达成一个具有约束力的协议。若是不能，则称为非合作博弈，非合作博弈是现代博弈论的研究重点。如果两个企业之间的协议不具有约束力，没有任何一方能够强制另一方遵守这个协议，每个企业都只选择自己的最优产量或价格，则是非合作博弈。

第四章
你的形象价值几何

良好的形象就是成功的一半，有多少人由于仪态差而与种种机遇失之交臂，所以说“仪态好，准吃饱”。行为举止端庄的人在求职、工作等过程中有着明显的优势，即良好的仪表也是一种财富。所以，为自己的形象投资是一件回报很高的事情。

1 你的形象价值百万

一位大学毕业生鼓足勇气去找工作，但他没有想到找工作这么麻烦，只要有人才交流会他就去赶场。在人才市场，人都扎堆了，有的单位看到有这么多人应聘，就会故意把试用期延长，把工资压得很低，让他觉得很郁闷！好不容易把自己的简历递给了一个公司的招聘人员，可是，对方看也没看他一眼，只是留下其简历。去了几场招聘会，简历发了几十份，满以为会有回音。但过了近一个月，什么回音也没有。同宿舍的一位同学见此，就对他说：“你也应当好好改善一下自己的形象，买套像样的服装，打扮打扮自己，面试时要善于说话，注意一下自己的形象。”于是他照此行动，把自己关在宿舍里练习说话和仪表，足足练了20天，还买了一套西装。后来，他又去参加招聘会，这回，他比较精明，看到适合的公司才投简历，一共投了10份简历。半个月后，有8个单位通知他去面试。最后，他终于找到了满意的工作。

这位大学生在没有注意自己形象的时候去找工作，那些公司连个面试机会都不给他。后来，他着力改善自己的形象，很快就找到了满意的工作。可见，良好的外在形象对一个人多么重要。

为什么一个人的外表对自己有这么大影响呢？要回答这个问题，还要回到人力资本上来，我们已经知道，一个人的人力资本，表现为知识、技能、体力（健康状况）价值的总和。但是，作为一个经济实体的企业或单位，它怎么才能在短时间判断一个人的人力资本价值大小呢？“试玉要烧三日满，辨才须待七年期”，一个单位不可能花太多的时间来判断一个人人力资本价值的大小，因为花费太长时间判断个人的人力资本价值大小需要付出的成本很高。所以，一般是迅速从个人的外表形象来判断一个人的能力。个人的外表形象是个人文化修养和内在气质的外化，而个人的内在气质，是一个人在家庭、社会各种环境中潜移默化熏陶影响下，整体的学识、品德、修养的总的行为积累，也是个人的仪态表现的基础。通常来说，较易给人留下好的第一印象的人，大都具有一些共同之处，比如有较好的风度、气质，沉着冷静，知识面宽，对日常生活中最基本的常识都懂一点，态度谦逊温和，彬彬有礼，性格开朗，思维独特，身姿端正。一个人具有较好的外表形象，就较受人欢迎，其人力资本价值自然更高。

而且，在现代社会，不管什么样的单位，都需要和不同的单位、客户打交道。不同的外表形象会让人产生不同的心理感觉，爱美之心，人皆有之，良好的外表会带给人们一种美的享受，给人一种舒适的感觉，并使别人更加关注他。外表差往往会给人一种不舒服的感觉，带来一种负效用。员工的外表形象好，一方面代表了单位的外在形象，另一方面，员工良好的外表更容易吸引眼球，吸引更多的客户或宾客光顾，使单位及其产品的需求者增多。如果是销售商品，具有良好外表的员工可以销售更多的产品。就是其他单位，具有良好形象的员工也会给外来的领导和兄弟单位朋友良好的印象，产生好的评价。否则，外表差的员工，往往更难销售产品，或使外部的人对单位评价降低。这样，员工外表形象的好坏就直接影响了单位的经济效益。

一个人的高矮、胖瘦、五官怎么样，这都是天生的，但是，一个人的形象是一种整体的形象，广义的形象是指他人对一个人的整体印象和评价。这种形象更多的在于后天修养，即礼仪。具体包括以下6个方面：(1)身体无异味，给人一种舒适的感觉；(2)表情泰然自若，和蔼、友善，能够与他人互动；(3)举止优雅、文明、规范，能够代表单位、个人的形象；(4)服饰得体、干净利落；(5)言谈音量合适、符合规范、悦耳动听；(6)待人接物要谦虚、不过分炫耀自己、不盛气凌人，礼貌待人，给人一种彬彬有礼的感觉，诚实、守信，做到"言必行，行必果"。如果一个人在这6个方面都做得很好，即使其学识和才能不高，也容易使别人对其人力资本价值产生比较高的评价。

如果一个人养成了不好的仪态恶习，如坐下时身体歪斜，用手抓头皮，当众挖鼻孔、掏耳朵、剔牙，习惯脱鞋和挽裤腿，甚至闻鞋垫儿，随便吐痰等。有这些形象人家都会认为这个人是一个没有教养的人，而不愿与其交往。即使其人力资本价值很高，能力很强，但其价值并没有从外表形象体现出来，反而是外表形象降低了自身的价值。

作为白领阶层，在办公室的形象也很重要。办公室既是工作场所也是公共场合，一个人的形象好，同事也愿意接纳他，并与他和睦相处，其人力资本价值才能得到更好的发挥，因为与同事相处和睦，自己心情愉快，工作也更有效率。否则，形象不好就会遭到同事的排斥，与同事产生矛盾，自己也会因心情不好而降低工作效率。严重时还可能相互之间发生冲突。即个人形象的好坏影响了单位的经济效益。

经济学课堂

礼仪

礼仪是人们在社会交往中由于受历史传统、风俗习惯、宗教信仰、时代潮流等因素而形成的，既为人们所认同，又为人们所遵守的，以建立和谐关系为目的的各种行为准则和规范的总和。简言之，礼仪就是人们在社会交往活动中应共同遵守的行为规范和准则。它是在人际交往中，以一定的、约定俗成的程序、方式来表现的律己、敬人的过程，大致分为政务礼仪、商务礼仪、服务礼仪、社交礼仪、涉外礼仪等5大分支。

2 光环效应

“光环效应”是指由于对人的某种品质或特点有清晰的知觉，印象较深刻、突出，从而爱屋及乌，掩盖了对这个人的其他品质或特点的认识。这种强烈知觉的品质或特点，就像月晕形式的光环一样，向周围弥漫、扩散，所以人们就形象地称这一心理效应为“光环效应”。为什么光环效应会带来巨大的财富呢？这是因为，产生光环效应的人毕竟是少数，即光环效应具有稀缺性，而稀少的东西就具有较高的价值。而且，人们有一种从众的心理，即看到别人认为好的东西他也认为好，因为判断人的好坏需要知识和成本，跟随别人判断可以减少判断的成本。另外，光环效应往往掩盖了其存在的缺点，人为地抬高了其真实的价值。这样，

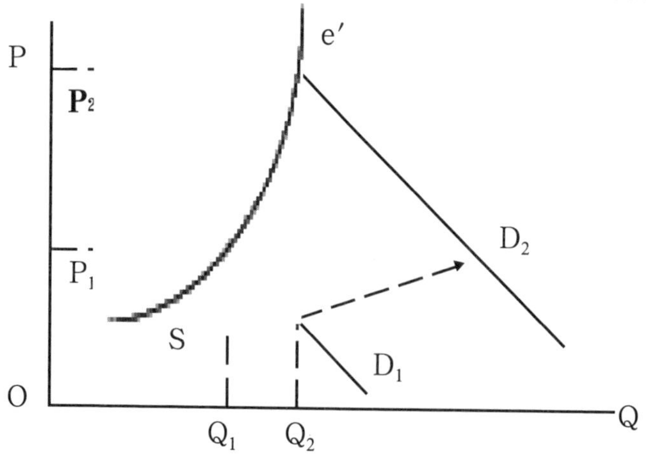

具有光环效应的人其数量是固定的，但对光环效应的需求却由于多方面的原因大幅度增加，使其供给和需求处于不正常的状态。

如上图所示，纵轴 P 表示光环效应的价格，或其所产生的收入，横轴 Q 表示社会和市场对具有光环效应的人及其产品的需求量和供给量。由于拥有光环效应的人总是有限的，其供给量固定，供给曲线 S 也固定。而对拥有光环效应者及其产品的需求量则由于媒体的推崇、公众的从众心理、光环效应拥有者的缺点被掩盖等因素，不断增大，即需求曲线迅速从 D_1 向 D_2 移动。在供给曲线不变，需求曲线向右移动的情况下，光环效应拥有者的（收入）或其产品的价格就从 P_1 上升到 P_2。本来，其供给和需求的均衡点在 e 点，这时的均衡数量是 Q_1。但是，由于光环效应的作用，人为地增加了需求量，使得其均衡点移到 e' 点，价格则大大提高到 P_2 的水平，均衡数量为 Q_2。造成与光环效应挂钩的产品价值被人为地抬高，或者光环效应的拥有者得到过高的收入。

一些精明的商家就精通此道，他们舍得花本钱使其产品与明星或名人挂钩，这样，就能借助名人的“光环效应”帮助企业聚集更旺的人气。现在，阿迪达斯运动鞋几乎无人不知、无人不晓，它的闻名于世，全赖于很好地利用了奥运会这个资源。阿迪达斯运动鞋走向世界的契机是 1936 年的奥运会，这一年，公司创始人阿迪达斯突发奇想，制作了一双带钉子的短跑运动鞋。怎样使这种样式特别的鞋卖个好价钱呢？他听到一个消息：美国短跑名将欧文斯最有希望夺冠。于是他把钉子鞋无偿地送给欧文斯试穿，结果不出所料，欧文斯在那届运动会上 4 次夺得金牌。当所有的新闻媒介、亿万观众争相目睹体育明星的风采时，那双造型独特的运动鞋自然也特别引人注目。奥运会结束后，由阿迪达斯独家经营的这种运动鞋便开始畅销世界，成为短跑运动员的必备之物。

一般说来，外貌的魅力很容易导致“光环效应”。虽然歌星、影星与广告中的商品质量并没有太直接的关系，但是，由于光环效应的作用，明星做过广告的商品很显然就比由那些名不见经传的小人物拍广告片的商品更容易得到人们的认同。即使是在强调个人意识的今天，光环效应也并不因为人们追求个性化的行动而减弱。人们对明星的追捧就是一个很典型的例子。很多人因为喜欢一个歌星或影星而极力去模仿他，从服装、发型到其讲话、做事的风格。迈克尔·杰克逊的演唱会，票价会炒到几百美元甚至几千美元以上，花这么多钱所听到的和看到的实际效果并不比电视里的好，但是许多人还是为能亲自感受一下歌星演唱的现场氛围，慷慨解囊。

光环效应实际上是个人主观推断泛化和扩张的结果，生活中，很多人都在无意识地、执拗地利用着光环效应。大多数人只要闻到了权威、明星的气息，便会立即放弃自己的主张或信念，转而去迎合他们的说法和做法。可以说，光环效应有一定的负面影响，在这种心理作用下，人们很难分辨出好与坏、真与伪，容易被人利用。

经济学崇尚理性，即要求人们不要过多地受到光环效应的误导，应当有更多自己的判断，这样才能减少一些不必要的支出。如果人们都比较理性一些，光环效应就难以人为地抬高商品价格，消费者不会花那么多的冤枉钱。

3 不修边幅的人没有影响力

看过电视连续剧《济公》的人，对剧中的那个济公可能有很深的印象。“鞋儿破，帽儿破，身上的袈裟破。你笑我，他笑我，一把扇儿破”，剧中的济公疯疯癫癫，却路见不平，拔刀相助，“哪里有不平，哪里有我”，一些小孩子特别喜欢济公的形象。可是，在现实生活中，谁会喜欢济公这样的人物呢？要是在街上，有人穿得像济公一样，肯定绝大多数人都会避之唯恐不及。我们也看到，一些穿得像济公一样的人，比如穿得破破烂烂的乞丐，会成为小孩子攻击和取笑的对象，扔石头、果皮、泥巴等。要是在公交车上，有人穿得破破烂烂的挤公交的话，肯定会遭到众人的白眼。

在现实生活中，一个人的形象是很重要的，不修边幅的人不会惹人喜欢。几年前，有一个学生，是师范大学毕业的，被分配到某中学当教师，上第一节课前，他认真地准备了两天，准备口若悬河地演讲一番，上课的那天，他穿着白衬衫，打着领带，信心十足地走向讲台。可是，当他讲课讲到几分钟时，整个教室的学生都哈哈大笑。原来，在他匆匆忙忙赶往教室的过程中，竟然忘记把自己西装裤子的拉链拉上。不用说，这堂课泡汤了。辛辛苦苦准备了两天的课也没有上好。

不修边幅的人在社会上没有影响力。什么是影响力呢？一个人的影响力就是其知名度和美誉度，也就是社会上的人对这个人的赞誉度和尊敬程度，以及本人对社会上其他人影响力和作用力的大小。比如，上面提到的那位老师，由于没有注意自己的形象，在课堂上惹得学生哄堂大笑，这必然使一些学生轻视他，更谈不上得到学生的尊重。这样，他在课堂上的影响力自然降低，这位老师的话会被学生当成耳边风，其上课的效果也就降低。一个人在社会上没有影响力，其人力资本价值就比较低，不管他的学识和能力如何，别人不会发现，人们看到的只是其外在的表现不佳。那么，这个人所做的工作或所推销的产品就很难得到他人的认可，即他人对其工作成就或产品的需求欲望降低，需求量减少，其工作或产品的价值自然降低，相应地，这个人所得到的收入也必然大大降低。

一个人的影响力也就是他的品牌价值。在现代社会，人在某种程度上也是一种商品，在商品市场，人们大都购买著名品牌的商品。没有任何品牌价值的商品，人们容易把它当成是假冒伪劣商品，不愿意购买。人的影响力就是社会对这个人的认知程度，也就是一个人的品牌价值。名牌商品需要相应的包装，才能体现它的价值。一个人的外表形象也是其包装，其肚子里有多少货色他人不可能知道，一般人总是先看其外在形象的好坏。外表形象不好的人，自然没有任何品牌价值，没有影响力。经济学是以欲望的满足为出发点的，人们购买某种商品是为了满足消费的欲望。人们接触一个人，也是为了满足相互实现价值的欲望，人是以群居为主的高级动物，常常需要借助他人的合作才能实现自身的价值。如果某人外表形象不佳，让他人产生厌恶感，必然遭到他人的排斥，他也就不可能影响他人的言论和行为，甚至于还可能会遭到众人的孤立。离开了他人的合作不可能创造出有价值的东西，其自身价值也就不可能实现。

在现代社会，一个人的外在形象对其在社会上的影响力产生着至关重要的作用，有时，一个不雅的举动也会让人厌恶。在商务往来中，一个人的外在形象更重要，因为，在商务上往来的人中陌生人很多，某人给其交往对象的第一印象就决定了其在他人心目中的位置。在形象上的一些不良习惯容易让人把他判断为素质低下、档次低下的人。所以，不修边幅的人在商务交往中很难拓展业务，很难有所成就。就是在单位内，不修边幅的人也容易被领导看成是一个作风散漫、纪律松散、不愿受约束的人，是一个对工作不负责任的人，很难取得领导的信任。单位上的同事也会把这种人当成是素质低下的人而不愿与他交往，排斥他、孤立他。所以，不修边幅的人无论是在商务交往中、在社会上，还是在单位内都是一个没有影响力的人。

4 为自己的形象投资

在现代社会，一个人的外表形象是其人力资本价值的外化，是他人对自己的知名度和美誉度，是他人对自己的总体评价。评价好，自己的人力资本价值就容易实现，评价不好，自己的人力资本价值就得不到实现。所以，光是教育投资还没有全部完成对自己人力资本的投资，还需要对自己的外表形象继续进行投资。一个人要想在社会上成就一番事业的确不容易，学识和能力是成就事业的基础，但还需要有提供给个人发展的种种机遇，而抓住机遇的办法就是塑造自己的良好形象，所以，为自己的形象投资是很值得的，也是必需的。

那么，如何为自己的形象投资呢？为自己的形象投资不外是投入金钱、时间、精力，以塑造自己良好的外表形象。塑造外表形象，金钱的投入是必不可少的，包括购买适合自己的服装、随身携带的公文包、手提包等。不管是从事商务活动还是坐办公室的白领阶层，都需要选择适合自己的发型。男人的头发长短要适中，不留卷发，脸部整洁干净。女人脸部施淡妆，服装得体。上班族的男人多穿西装，穿西装时，保持西装的平整洁净，使西装穿起来显得平整挺括、线条笔直。为自己的形象投入金钱，既是人力资本的投资，更是一种消费，是自我价值实现的消费，它满足了一种自我实现的欲望。这种消费行为往往是受他人示范效应影响的，即受到那些在商务礼仪和办公礼仪比较成功人士的消费习惯和消费行为的影响。

除了花费一些金钱外，还需要投入时间和精力训练自己的行为举止，即仪态。一般来说，个人仪态的基本要求是站如松、坐如钟、行如风。通过一段时间的训练，让自己养成一种良好的习惯，使他人一看就觉得其行为举止符合自己的身份，让人产生舒服的感觉。这些社交和公共场合的行为举止包括站姿、走姿、坐姿、手势、言语表达、眼神等许多方面。如果在这些方面自己存在许多或部分不符合标准的行为举止，就需要花费一些时间练习，有的人可能需要的时间短些，有的人需要的时间长些。一般来说，有 20 天到一个月的时间训练这些标准的行为举止就够了，关键是需要使这些良好的行为举止养成一种习惯。平时在公共场合严格要求自己，不能让自己有不雅的习惯。养成一个良好的习惯需要 20 天，而毁掉一个良好习惯只需要 1 分钟。所以，重要的是严格要求自己，在任何情况下都不能有任何不良习惯。

具体来说，这些行为举止标准的要求是：站立姿态要求头部微微抬起，面部朝向正前方，双眼平视，颈部挺直，双肩平正，呼吸自然，腰部直立，自然挺拔，双臂自然下垂，手指自然弯曲，指尖朝下，两腿立正或适度分开；走路姿态要求体态优美，身体协调，摆动适当，走成直线，步幅适当，速度均匀；坐姿要求得到允许，方可坐下，不坐满座，从左侧就座，以背部接近座位，或正襟危坐，或双腿斜放，或双脚交叉，或双脚向内收拢；手势要求双手自然放下，双手指间向下，掌心向内，手臂伸直，或双手伸直，自然相交于腹部，掌心向内，两手上下相握在一起，或两手上下相叠在一起；手持物品要稳妥、自然、到位、卫生，交接物品时以双手为宜，放于手中，主动上前，方便接纳，展示物品时物品要举到高于双眼的位置；与人交谈时眼神恰当，与别人谈话30分钟,起码要有10分钟至20分钟的时间看着对方,表示友好,要把眼光集中于对方的额头上或眼睛上，眼睛的角度应当平视，表示平等，面带微笑。

在公共场合和商务礼仪上，以上这些要求是很基本的，没有养成这些习惯的人，需要花些时间，训练自己并使这些要求成为自己的良好习惯。花费这么一点时间和精力，虽然投入不多，但其效果却是很大的。因为，在文明社会，礼仪是对一个人的基本要求，也是对人力资本的基本要求，所以，这种投资是不能省的。省了就会因小失大。关键是需要养成一个良好的习惯，使习惯成自然。坚决远离那些不文明的举动，可以让自己身边的好朋友、亲人监督自己。

经济学课堂

形象价值

形象价值指企业及其产品在社会公众中形成的总体形象所产生的价值，包括企业的产品、技术、质量、包装、商标、工作场所等所构成的有形形象所产生的价值，公司及其员工的职业道德行为、经营行为、服务态度、作风等行为形象所产生的价值，以及企业的价值观念、管理哲学等理念形象所产生的价值等。形象价值与产品价值、服务价值、人员价值密切相关，在很大程度上是上述几个方面价值综合作用的反映和结果。现在也用于指个人形象价值。形象对于企业和个人来说是宝贵的无形资产，良好的形象会对企业的产品和个人的外在形象产生巨大的支持作用。

第五章 找工作为何这么难

随着市场经济的发展和完善，要找份称心如意的工作可不那么容易，你的劳动价值是多少？是否农民抢了你的饭碗？为什么大学生的就业率越来越低？这既有自身的原因，也有宏观经济环境的因素。这些是不是市场经济完善的必然结果？为什么要好好工作？跳槽是否理性？本章将为您解答这些问题。

1 饭碗从哪里来

在改革开放以前，城市人的工作由国家和当地城市解决，大家都有饭吃，工资不高，工资增长也比较缓慢，但工作稳定，基本上是铁饭碗。当然，那时要安排比较好的工作，就需要有点背景。大学生一毕业就是国家干部，由国家统一安排工作，自己只有填工作志愿的份，没有多大选择余地。要么托关系，找点门路，可能安排得好些。大多数大学生都是一次安排定终身，一辈子都干这一项工作，以后要变动就得靠自己努力表现，争取提拔、升迁。

随着改革的逐步推进，人们有了更多选择自己工作的机会和权力，从20世纪90年代中期开始，国家对大学生就业实行学生自主选择职业、双向选择的政策，大学生不再由国家统一分配了。大多数人参加工作要自己找工作，而不是等着国家和政府安排。自己找工作就要看市场需不需要这个人，在找工作的过程中，一方面是自己挑选工作单位，另一方面是用人单位挑选应聘人员。在当前中国这样一个人口众多、市场竞争激烈的社会，用人单位的主动权远远大于个人的主动权。

现在，大家找工作首先想到的是报考国家公务员。国家公务员虽然收入不高，但工作稳定、福利待遇好、社会地位高，基本上类似于铁饭碗，所以，报考国家公务员竞争十分激烈，能够考上的人比较少，毕竟每年录取国家公务员的名额有限。

然后是一些大中型企业，很多大中型企业也要通过笔试和面试选拔工作人员，所以，要进入一些经济效益好的大中型企业也不容易。大中型企业工作比较稳定，学习、升迁机会比较多，进入大中型企业的竞争也比较激烈。再就是外资企业、中外合资企业和大中型民营企业，这些单位工作不是那么稳定，不提供住房，然而工资高，学习和升迁的机会也不少。但一些大型的、高工资的非国有企业对招聘工作人员的要求更高，一些国际跨国公司就专门到北大、清华、复旦等名牌大学挖高材生，甚至以高工资挖行政事业单位、国有企业的在职工作人员。而且一些非国有企业要求新录用的工作人员必须有一定的工作经验，这样，可以省下不少培养费。对于刚刚走向社会的年轻人来说，这些都是高门槛，不容易迈进。

一些年轻人可能会想到自己创业。自己创业需要相当数量的资金投入、社会经验、社会关系等，而年轻人往往缺乏社会经验和社会关系，自己创业也不容易。现在，市场竞争越来越激烈，不像改革开放初期，卖什么什么赚钱，现在的个体经济和私营经济也只能获得社会平均利润，并且，这个社会平均利润还在逐渐降低。搞个体和开公司的利润空间逐渐缩小，而风险却逐渐加大。看来，搞个体和合作开公司也不是那么容易的事情。

还可以从哪里找到自己的饭碗呢？到农村去，到基层去，到西部地区去，那里条件艰苦些，不过，将来的发展机会也可能比较多。因为，艰苦的地方可以锻炼自己的能力，发展空间广阔。而且，现在国家正在进行西部大开发，大力投资于基础设施的建设，将来的条件会逐渐好起来。

不管是行政事业单位、大中型国有企业、外资企业、中外合资企业、外商独资企业、民营企业还是其他什么单位，其工作岗位都与宏观经济经济发展息息相关，经济发展快，工作岗位多，经济发展慢，工作岗位少。个体私营经济提供的就业机会也与经济发展息息相关。工作岗位还与国家政策和改革有关，近年来，我国行政事业单位和国有企业都在进行改革，减员增效、竞争上岗等措施，使一些人下岗、待岗。另外，由于近年来我国经济结构和产业结构的调整，许多原来掌握一定技能的职工也加入了失业的行列，产生结构性失业。这些都加剧了就业的紧张状况，使得饭碗越来越难找了。现在，许多城市的城镇登记失业率都比较高。

经济学课堂

待岗

待岗就是暂时没有安排工作岗位，但保留了其重新走上工作岗位的权力，在时机合适的时候可以重新安排工作岗位。一部分待岗人员可以在时间许可的情况下做些额外的工作赚取生活费。待岗人员一般保留了一部分工资和福利待遇，并没有断绝收入来源。

城镇登记失业人员

城镇登记失业人员是指非农业户口，在一定的劳动年龄（16岁至法定退休年龄）内，有劳动能力，在报告期内无职业，并根据劳动部《就业登记规定》在当地劳动部门登记的人员。城镇登记的失业人员总数除以劳动年龄人口的总数就是城镇登记失业率。

在我国，这个数据一直是表示城镇失业率高低的基本数据。

结构性失业

结构性失业主要是由于经济结构（包括产业结构、产品结构、地区结构等）发生了变化，现有劳动力的知识、技能、观念、区域分布等不适应这种变化，与市场需求不匹配而引发的失业。我国所出现的结构性失业现象，受诸多因素影响，既有宏观经济发展、技术进步、产业结构调整引发劳动力需求方面的原因，又有劳动者个人素质、技能、就业观念等微观层面劳动力供给方面的原因，既是生产发展、技术进步引发的必然过程，又受到体制转型的特别刺激。

2 哪些因素影响劳动价值

劳动是人区别于一般动物的本质特征，劳动创造了人，劳动创造了物质产品和精神产品，并推动人类社会的不断进步与发展。劳动是指人的体力和脑力的付出，它是人类社会存在的基础，是一切人类社会主要物质财富价值的来源。

劳动的价值就是指劳动所产生的价值，也就是个人劳动被社会承认和接受的部分。人作为一个社会性的总体，个体劳动必须转化为社会劳动，只有转化为社会劳动的，才有价值。如果个体劳动不能被社会承认，不能对社会产生影响，这就是一个绝对孤立的劳动，是与他人和社会不相干的劳动，因而也就没有价值可言。就比如，一个人挖了一个鱼塘，买来一些小鱼养殖，但由于养鱼技术不好而导致所养的小鱼全部死掉了，这个人的所有挖鱼塘、养鱼的劳动都是白费力气，没有得到社会的承认。又如，一个人写了一部小说，拿到出版社去想出版，但由于写作质量等诸多问题，所有出版社都不愿出版，因而其劳动的价值也就没有得到社会的承认。

劳动所得一般是指因劳动付出所得到的物质性回报，包括物质资料和货币等形式的回报。要取得物质性的劳动所得，必须符合两个条件中的一个：一是必须是从事物质性劳动，取得物质性劳动成果；二是与他人进行劳动交换，用自己的劳动换取自己生活所需要的、自己不能生产的其他生活物品。但是，人的劳动不仅取得物质性的劳动产品，还可能取得知识等非物质性的劳动产品，如知识、经验等。

我国的分配方式是以按劳分配为主，其他多种分配方式并存。按劳分配中的这个“劳”包括劳动的质和量，一个人的劳动价值首先取决于本人劳动的质和量，即这个人所从事的劳动是简单劳动还是复杂劳动，也就是取决于个人的人力资本价值。简单劳动不需要多少知识和技能，不用培训，只要有体力就可以干的活，干一般的农活、搬运等工作就是简单劳动；复杂劳动是需要一定的知识和技能，需要经过一定时间的教育和技能培训才能从事的工作，像会计师、工程师、技师、大学教授等工作就需要相当的知识水平和技能。一个人劳动的复杂程度取决于其人力资本价值的大小，人力资本价值大的人，可以从事更加复杂的工作，其劳动的质量高。也就是说，一个人的劳动价值首先取决于其人力资本价值的大小，而决定人力资本价值大小的主要因素就是其所接受的教育和技能培训的多少。所以，上过大学的人一般比没有上过大学的人劳动价值更大，工资更高。劳动的质和量还取决于个人工作的努力程度。努力工作，把全部身心都投入到工作中去，其劳动的质和量都比较大；反之，没有努力工作，懒懒散散，工作不负责，尽管其人力资本价值比较大，也有可能其劳动价值比较低。

是不是一个人受过更多教育与培训就一定能够取得更高的收入呢？具体某人的劳动价值大小、工资高低还受到众多社会经济因素的制约。随着社会经济的发展，社会分工越来越细，人们只能做三百六十行中某一行的一个细小环节，这样，一个人的劳动价值不仅与其劳动的质和量有关，而且与其所工作单位的经济状况有关。如果其所工作的单位经济效益好，那么这个人所从事的工作就可能完全被社会所承认或基本被社会承认；如果其所工作的单位经济效益不好，其所从事的工作就有许多得不到社会的承认。所以，尽管有的人，其人力资本价值比较高，从事的工作也是复杂劳动，但其所获得的收入即其劳动价值好像并不高，甚至比他人力资本价值低的人所获得的收入还低。还有不能排除的重要因素就是一个人的社会关系的大小，社会关系多的人，可以通过关系到效益好、收入高的单位工作；没有什么社会关系的人只能在经济效益不那么理想的单位工作，从而其劳动价值也受到其社会关系大小的制约。

劳动价值大小还要受到宏观经济状况的制约。在经济趋热、需求旺盛时期，由于产销两旺，其所付出的劳动有更多被社会和市场承认，劳动价值自然就比较高；经济萧条、通货紧缩时期，由于市场比较疲软，其付出的劳动有一部分没有得到市场的承认，劳动价值也就比较低。

劳动价值的大小还与劳动力的供给与需求状况有关。如果在市场上，劳动力的供给过剩，企业对劳动力的需求没有那么多，企业就会对员工挑三拣四，要求严格，有意压低工资，员工的一部分价值没有得到企业和市场的承认，员工的工作积极性会在一定程度上受到影响，其劳动价值就比较低；如果在市场上劳工不足，但消费需求旺盛，劳动力就有更多的主动权，员工工资自然会提高，员工的工作积极性上升，会更加努力工作，其劳动价值也比较大。在劳动力市场上，一个人的劳动价值大小，或其所得到的收入的多少取决于其劳动的边际生产力，也就是企业多雇用了这么一个员工能够为企业带来多大的生产能力或经济效益。

总之，一个人的劳动价值受到多方面因素的影响，包括其人力资本价值的大小、工作的努力程度、所在单位的经济效益状况、宏观经济状况、劳动力的供需状况等。

经济学课堂

简单劳动

简单劳动就是指不需要太多技能，凡是有劳动能力的人都能从事的劳动，比如一般农民、城市保姆的劳动就是简单劳动。它是与复杂劳动相对而存在的，不同的时代有不同的简单劳动，随着社会的发展和技术的进步，原来的复杂劳动会变成简单劳动。这是马克思在《资本论》中提出的一个概念。

复杂劳动

复杂劳动指需要掌握一定的知识、技术或技能才能从事的劳动。马克思说："复杂劳动是加倍的简单劳动。"即复杂劳动中质的含量比简单劳动高，其所生产的剩余价值也比简单劳动多得多。在扩大再生产中，资本家只要让工人工作少量的时间就可以榨取比较多的剩余价值。

按劳分配

按劳分配是社会主义的分配原则，它的含义是按照劳动者向社会提供的劳动的数量和质量分配个人消费品，等量劳动领取等量报酬，多劳多得，少劳少得，不劳不得。按劳分配是作为与资本主义按资分配相对应的社会主义分配方式提出来的。

边际生产力

所谓边际生产力，从实物形态上说，就是在其他条件不变时，厂商每增加1个单位生产要素投入所增加的生产力，即边际产量（MP）。从价值形态上说，在其他条件不变时，边际生产力就是每增加1个单位要素投入所增加的产值。劳动的边际生产力就是企业最后雇用的一个劳动力给企业增加的生产力。

3 是否被人抢了饭碗

打工这个字眼出现在改革开放以后的中国，是人们对改革开放后农村剩余劳动力自发地向东南沿海地区流动的描述。在很长时间以来，农民外出打工被视为一种盲目行为，在城市工作的农民工被称为民工。从20世纪90年代开始，我国出现了大规模的民工潮。当千百万民工在无数工厂和工地用他们的血汗换来中国每年GDP快速增长的时候，人们终于明白，中国经济的发展离不开广大的农民工。在这样的背景下，针对农民工的一些制度性歧视有所改善，人口外流地的政府也开始改变角色，做出为农民外出打工保驾护航的姿态，积极倡导本地居民外出打工，并把为他们提供沿海城市的用工信息当作基层政府一段时间内的重要职责所在。

即使是风调雨顺的年份，农民一年辛辛苦苦种责任田的收入，也远不及外出打工的收入。因此，外出打工就成了年轻农民理性的选择。

在浩浩荡荡的民工潮涌动在神州大地后不久，城市减员增效、下岗、再就业风潮也一波波地涌动着，于是，不少城里人就埋怨农民抢了城里人的饭碗。到底农民有没有抢城里人的饭碗呢？农民工所从事的工作大多数是建筑工地的小工、一些合资企业和私营企业的临时工、修公路和公园的临时工等一些城市比较苦、比较累的活；也有一些是在城市从事保安、运输的工人；还有一些女孩在城市当保姆；另外有一些文化水平比较高、素质比较高的农民在城市从事中层管理等工作；有一些头脑灵活的年轻农民成了城市做生意的生意人。可以说，大部分农民工从事的工作都是城里人不愿干的累活、脏活，只有较少的比较高层的农民从事的管理、经商等工作对城里人构成了一定的压力，与城里人形成了一定程度的竞争。

我国近年来城市建筑行业迅速发展，高楼大厦不断涌现，城市道路、公园等基础设施建设快速发展，所有这些都有农民工的辛勤汗水。因为建筑行业大量雇用农民工可以节省巨额的成本支出，毕竟农民工的工资水平比城市工人低很多，而且一般不需要任何福利待遇支出。所以，近年来，我国大批涌进城市的农民工为城市建设和发展做出了巨大的贡献。至于一部分高素质的农民工对城里人形成就业竞争压力，让城里人找工作更加困难，是在原有城乡分割体制的惯性思维下产生的一种心理感觉。在原有的惯性思维下，许多城里人认为，城市居民应当享有更多的保障，城市与农村本来就是两个不同的世界，城市居民在城市工作是本分，而农村人来城市工作，就是不本分。而且，来城市工作的农民还带有农村的一些不良习惯和不文明的举止，像随地吐痰、乱丢垃圾等，部分农民工还打架斗殴、偷东西等，增加了城市的犯罪率，也增加了市民的不安全感。

不可否认，农民大量涌进城市找工作，在某些领域可能抢了城里人的饭碗，特别是农民更能吃苦耐劳，工资比较低，一般包工头和私营企业业主都会用成本比较低的农民工，而不愿用成本比较高的城里人。但城市居民也有其自身的优势：一是城里人受教育水平普遍更高，文化水平、文明素质和其他各方面的素质一般比农民工高很多；二是城里人有一定的社会关系，对城市生活已经很熟悉，而从农村来的农民工要适应城市的社会环境、生活习惯、文明礼仪等都需要相当长的时间；三是城市的很多单位，政府规定要录用有城市户口的人员。城市找工作的人有这些先天的优势，要在市场上与农民工展开竞争，赢的人多，输的人少。

经济学课堂

民工

民工是农民工的简称，指户籍在农村而到城市做工的一类人群。“民工”与“打工者”是有区别的。“白领”也是打工者，但“白领”不是民工。《现代汉语词典》（第5版）上“民工”的解释为：在政府动员或号召下参加修筑公路、堤坝或帮助军队运输等工作的人。但现今城市里“民工”一词的称谓，已经扩展到指在城里做工的所有农民工。

民工潮

民工潮是针对 20 世纪 90 年代以来民工像潮水般涌向广东等沿海地区的一种说法。民工潮是由于民工不能自由出卖劳动力，或者资本不能自由到民工的家乡投资造成的。哪里有工作机会，哪里开始开发，就有大批民工涌入，形成民工潮的原因是区域经济发展的不平衡。即使在完全公认的自由市场经济地区，也一直有“民工潮”。

4 理性看待就业难

要探讨就业问题，首先需要回顾一下我国的改革进程。1995 年以来，在国企与集体企业中进行了劳动用工制度的改革，并大力推行减员增效、下岗分流等改革措施，减少就业岗位，提高了公有制企业的经济效益。1997 年以来，政府机关与事业单位也精简机构，实行竞争上岗，分流人员。自推行改革措施后，每年都有 1 000 多万下岗人员。

过去在计划经济体制下，人人都有饭吃，看似失业的人非常少，表面上每个人都有工作，但实际上是“五个人做两个人的工作”，不仅工资低，五个人还互相打架。经济发展走向高效，两个人岗位只能两个人吃饭。然而从就业的角度看，几十年积累下来的问题集中在几年内解决，就会出现劳动市场的暂时不平衡。即各种经济实体提高经济效益与众多的劳动年龄人口之间产生了暂时的矛盾，高效的经济实体并不需要这么多的劳动力，而新增经济实体的增长速度远远赶不上原有经济实体对多余劳动力排挤的速度和新的劳动力人口的增长速度。

大批城镇下岗职工和失业人员、再加上上亿的进城打工的农村剩余劳动力以及进入就业高峰期的新增适龄人口造成了叠加的就业压力，使得就业问题十分紧张。

从国家的整体经济结构来看，一般来说，一个国家 99.5% 的企业属于中小企业，劳动者中有 65% ~ 80% 在中小企业就业（包括社区与中介）。但是，我国中小企业依然太少，虽然银行存款总额不断加速上升，但大量的居民储蓄和民间资本并没有转化为投资，许多有钱人宁愿存钱，或买国债、股票、房产等，就是不愿直接投入到经济实体中去，造成民间资本利用率低，中小企业发展缓慢。日本有 1.25 亿人口，中小企业有 660 万个，中国 13 亿人口，中小企业却只有 800 万个。一般来说，中小企业投资少，但相对的就业量多，同样的投资，在大中型企业只能解决一两个人的就业，而投资于中小企业可以解决四五个人的就业。中小企业发展不足自然限制了就业量的增长。从产业结构来看，我国目前的产业结构依然不合理，北京、上海等大城市的第三产业创造的收入占其经济总量的 40%以上，大多数中小城市还不到 30%，发达国家第三产业占其 GDP 的 60%。第三产业就业容量比第二产业大得多，第三产业发展不足也限制了就业量的增加。

另外，在地方政府的政策主导上，没有把就业问题真正放到优先地位上。许多地方政府过于追求经济增长率，采取的是增长优先的发展战略。从金融、财政及政策上都向高科技、大企业倾斜。新近增加的一些企业和经济项目就业容纳能力往往不高。我国 20 世纪 90 年代每 1 个百分点的经济增长创造出来的非农就业岗位仅为 80 年代的 1/3。形成了“高增长、高投资、低就业”的现象，这违背了奥肯定理所揭示的经济增长与就业增长正相关关系原理。

从制度上来看，现行的管理体制多少限制了就业问题的解决，不少缺位以待的用人单位受到限制。据调查，不少中小型私营（股份）企业急需大学水平的管理技术人员，却因没有申报用人指标的途径，解决不了大学生的派遣、落户口、接档案等问题而招不到人。目前，基层和西部地区需要大学生担任公务员和教师，但如果大学生去工作，他的户口和档案将一同被派遣到工作地，再想流动就会碰到制度性障碍。在大中城市中，大学生创业的机会较多，成功的概率也较大。但没有户口就进行不了工商登记，也难获得贷款的担保支持，这又限制了一些年轻人自主创业。

一些私营企业用工制度极不合理，起薪较低，升幅不大，并伴有苛刻的罚款制度，让想进入的人特别是大学生受不了。同时，用人单位还设置经验、性别等障碍，其拒绝的理由是动手能力差、需花费培训费用、稳定性不高等。用人单位在招人时追求实用和低成本，存在眼光短视和心态浮躁的情况。这些也导致就业渠道不畅通。

一些年轻人特别是大学生就业难，在一定程度上也是因为他们期望值偏高，自身定位不准，理想与现实脱节。很多年轻人认为应该有一份待遇丰厚的固定工作，认为留在大城市、大单位才能体现自己的人生价值。不愿放下架子、低姿态进入社会，在普通的工作岗位上寻找发展的机会。

所以，就业观念的转变也很重要，传统就业观是终生在一个单位“服役”，是计划经济体制下的产物。随着市场经济的不断深入，社会就业形势也在不断发生新的变化。人事制度的改革，打破了“铁饭碗”和“大锅饭”，竞争上岗、人才流动和再就业已成为普遍现象。科学技术日新月异，产业结构调整不断加快，知识更新、产业高级化趋势加速，传统产业逐渐被新型产业代替。就业岗位在不断地变，就业者不能不变。

经济学课堂

奥肯定理

美国著名的经济学家奥肯发现了周期波动中经济增长和失业率之间的经验关系。奥肯发现，失业率每上升 1 个百分点，实际 GDP 就下降 3 个百分点。尽管这种关系只是经验的总结，但它在整个 20 世纪 60 年代、70 年代和 80 年代早期的美国经济中都大致成立，故被人们称为奥肯定理。奥肯定理说明了在周期性的经济波动中失业给实际 GDP 带来的损失，它为人们研究增长与失业的关系提供了一种有用的方法。

5 从“天之骄子”到“街头浪子”

改革以来，各行各业都存在大量的人才断层，新老交替难以为继。所以，20 世纪 80 年代的大学生被称为“天之骄子”。但是，时过境迁，才过 20 年，大学生却遭遇就业的寒冬。影响大学生就业难的因素有很多：一是受高校扩招的影响；二是大学生就业渠道不畅，目前的就业渠道无非是学校推荐、熟人介绍、校园和社会的招聘会、人才或就业网站、报考公务员、服务西部等，对大多数人来说，这些渠道还不能满足毕业生的需求；三是高校专业设置错位，一些大学的专业及课程设置有较大盲目性，专业趋同现象十分严重，造成供给严重大于需求；四是大学生缺乏就业培训机会，不少企业拒绝承担大学生就业后的“在岗培训”费用，招聘中普遍要求有“数年工作经验”；五是目前市场对白领需求不足，由于中国国际分工地位的处于国际分工的底部，新增加的劳动就业岗位，主要是劳动密集型的就业岗位，使得中国就业上呈现“白领需求不足”的状况；六是文科教育质量低下，由于文科教学内容几乎不针对中国的政治经济现实，学生对于现实社会的状况十分隔膜，这也严重不利于学生的就业；七是一些企业的用工制度不合理。正是因为这样，待业的大学生越来越多。

从地区看，北京、上海、东部发达地区需求较好，中、西部不少地区虽然有较大的用人需求，但工作和生活条件艰苦，往往招不到合格人才，出现“有地方没人去，有人没地方去”的现象。在西部经济不发达地区，当前就业岗位相当有限，难以吸纳本地毕业生。

高等教育正从“精英教育”向“大众教育”转变，因此很难保证使每个大学生都有一个“精英”岗位。在“精英教育”时代，高校毕业生短缺，社会精英岗位充足。高校毕业生就业是一种与之相适应的如政府机关、外企、高科技企业等精英岗位。而当高等教育进入大众化阶段后，社会精英岗位与高校毕业生数量相比显得不充足甚至短缺了。就高校毕业生整体的就业情况而言，是进入了一个“大众化就业”的时代，一部分高校毕业生通过竞争，进入社会的精英岗位。同时，必然要有一部分高校毕业生从事与大众化教育相适应的比较低一级的工作。任何东西，稀少的就值钱，一多了，就不值钱了，现在的大学生早已不稀少了，所以，大学生再也不是“天之骄子”，而是普普通通的民众了。在高等教育已经大众化的国家，有些大学毕业生干的也往往是最基层的工作。所以，在大众教育时代，中小城市、中小企业也是机会。

但是，大学生本人真要到中小企业、中小城市、农村去却是一个很难转变的过程。父母为上大学的子女已经投资了几万元的各种费用，对于大多数家庭来说，几万元的费用支出是个不小的数目，一般工薪家庭也需要省吃俭用好几年才能筹集出这么一笔钱来，而农村家庭更是父母辛辛苦苦半辈子的劳动成果。父母都希望子女能够通过上大学提高自己的经济地位，在中小企业、中小城市、农村，收入普遍比较低，学习和发展的机会也不多，几万元的上学成本何时收回来都难以预料。况且，小地方、小企业的情况更加复杂，国家规定的许多条条框框形同虚设，在一些地方，文化水平的高低对就业和将来的成就作用很小，社会关系才是最主要的因素。另外，任何一个大学生都会认为，在小地方和落后地区工作，其户口也落在小地方和落后地区，影响了后一代的成长，这才是他们最为关心的事情。好不容易上了大学，有机会留在大城市里，大多数大学生都会紧紧抓住这个机会，失去了这样的机会，说不定其一生及其后代都没有这样的机会了。也就是说，留在城市特别是大城市依然是大多数大学生利益最大化的必然选择。

所以，有一些大学生宁愿留在大城市里，即使户口没有落下，也要留下来，暂时做一些临时性的工作。他们为的就是找个落脚的地方，再想办法找工作，攒足了钱，再找关系，或者再继续苦读，准备考研，有的连考几次都还要继续考。当然，在目前就业竞争如此激烈的情况下，研究生学历也不一定能够留在大城市，但研究生学历起码多了不少竞争力。有些大学生通过在城市里几年的艰苦拼搏，自己的能力和社会经验也得到了增长。

我国经济发展的优势在中小企业，而中小企业的飞速发展急需高等教育为其提供充分的智力和人力支持。20 世纪 90 年代以来的我国经济快速增长中，工业新增产值的 76% 以上是由中小企业创造的，同时，中小企业还提供了大约 75% 的城镇就业机会。大学生今后个人发展、赚钱的机会在什么地方。应该说，相当部分学生应该到民营的中小企业里寻找机会。因为中国未来发展的主要机会就在中小企业中。现在可以说是几十年以来中国中小企业、民营企业发展的最好时机。如果大学生尽快加入这个行业，走到中国的最前沿，不但能使自己的知识和本领得到提升，而且事业上也会有较大的发展。

6 今天工作不努力，明天努力找工作

一部分年轻人在现在竞争十分激烈的劳动市场上，还是比较明智的，先就业，后择业，只要有一个落脚的地方，赶紧签约，找个单位再说，至于这个单位自己喜欢不喜欢，这份工作自己适合不适合，先不管，等有了一个落脚地，再去谋求发展，谋求自己更高的职业理想。

先就业，后择业，在时机成熟的时候再寻求自己更好的发展机会，是年轻人特别是大学生利益最大化的理性选择。作为年轻人，人生的道路还很长，自己在人生中有所成就，不仅可以实现其抱负和理想，而且也为后代打下了扎实的经济基础。抓住青年时代的大好时光，在该拼搏的时候拼搏进取，就不会在将来年纪大了的时候后悔莫及。但是，也有的年轻人在这方面急功近利，对自己过高估计，对走向社会、工作岗位的种种复杂情况缺乏理性的分析和鉴别，这山看着那山高。就准备往高处走，对自己目前的工作只是应付，把主要的心思和精力都用在自己未来的个人发展上。有的年轻人到了单位不久就把主要精力用来学习外语，准备考托福、GRE；或者到外面去找同学、亲朋好友和其他社会关系，准备找到更好的归宿；或者刻苦复习外语和专业功课，准备考研；或者频繁到人才市场去碰运气；或者频繁参加公务员、国家事业单位录取考

试等。他们认为，反正迟早要离开现在的单位，工作也不需要这么出色，只要能够交差就行了。

作为一个经济实体，任何单位都会寻求利润的最大化，要寻求利润最大化，单位领导必然关注每个员工的工作效率，只有每个员工的工作效率提高了，单位的经济效益才能得到提高，这是任何经济实体的理性行为。特别是在当今市场竞争、人才竞争激烈的社会，单位都是以经济效益为中心。在当今的市场上，企业和单位居于主导的地位，而员工则居于从属地位。一旦某个员工对工作只是应付，把主要的精力用在自己的事情上，单位的同事和领导肯定会发现这个员工“身在曹营心在汉”。如果同事和领导出于好心，可能会比较委婉地表达“我们需要你，你就安心工作吧”之类的意思；如果同事和领导认为这个人三心二意，朝三暮四，对同事、单位不忠诚，品格有问题，很可能暂时不说这个人，而是继续观察，等待其行为的暴露，等待机会，抓住这个人工作上或其他方面的错误，给他一个打击。在这个过程中，这个人与单位就是一种相互的算计。我们假定这个不安心工作的人是A，其算计见下页表。

不安心工作的人情况计算

单位的态度 / 实际结果 / A的态度	单位对A说：“我们需要你，你安心工作吧。”	单位不说：“我们需要你。”而是暗中观察A的行动。
A说：“我保证今后好好工作，请领导监督我。”	单位放心，但还可能观其行动；A安心，两情相悦。	A依然应付工作，不顾他人感受。A与单位的矛盾可能暴露。
A不说：“我保证好好工作。”暗中却加紧自己的行动。	单位对A不满，但是，A不知道；A还自认为自己聪明，其行为没有被人发现。	单位和A各自不向对方表露，单位和A的矛盾逐渐显露，A一意孤行，二者展开对垒。

在这种个人和单位的相互算计中，到底谁最终会输呢？如果 A 在进单位之前就已经有比较好的知识和能力基础，只是自己关系不够，运气不佳，不得不到这个单位工作，而且 A 为其未来的选择早已做好准备，其行动经过了比较长的时间才被单位同事和领导发现，等到他们发现时，A 已万事俱备，只欠东风。在这种情况下，A 赢的可能性比较大。毕竟，同事和领导也不愿意随便去得罪一个在未来与之不太相干的人。

但是，在大多数这种员工与单位的相互算计和对垒中，个人赢的可能性比较低。因为，在当前的劳动市场上，企业和单位居于主导地位，个人根本没有什么力量。个人在单位的表现，不仅直接影响着单位的经济效益，而且影响着同事的工作热情，领导不处理这种对工作不负责任的下属，可能会让所有下属产生情绪，整个单位的工作效率难以提高，甚至某人在单位工作不好的表现被写入档案。这样，A 就很可能被单位领导作为对工作不负责任的典型被处理，或者下岗，或者被单位开除。不管是被开除还是下岗，都需要重新找工作，而其在单位的不好表现也极大地影响能够找到工作的可能性，因为任何一个单位都不愿意录用一个对工作不负责任的员工。这种情况很可能会影响比较长的时间，甚至影响他的一生。

过去，在计划经济时代，大家干好干坏一个样，干多干少一个样，基本上是“铁饭碗、铁工资”，但随着市场经济的发展和社会的进步，绝大多数单位都强调经济效益，需要每个员工都尽心尽意、尽职尽责地干好自己的本职工作，这是时代的要求，也是领导的责任。所以，一个人只有在干好自己的本职工作的条件下，才可以谋求自己更好的发展前景，只有在生存问题解决以后，才能谈发展问题。

7 跳槽是否理性

小崔是一名有几年工作经验的求职者，跳过几次槽。新年长假后的两个周末的招聘会，他都在其中寻找新的就业机会，应聘了几家公司，发现一个问题：招聘方非常注意其跳槽经历，有的甚至会询问他每次跳槽的原因。他后来不时翻翻报纸，从中也看到有不少关于求职的报道，说是用人单位比较忌讳频繁跳槽者，但频繁跳槽究竟是个什么概念？什么样的跳槽理由才是招聘方能接受的呢？他对此产生了一些疑惑，想有个答案。

怎样才算频繁跳槽，这和行业特点有关。比如，对于IT行业来说，行业本身的特性就是人员流动性较大，通常在一个公司工作少于一年跳槽就算是频繁了。在有的行政事业单位，特别是纯粹的业务部门和管理部门，其工作是相对比较稳定的，而且培养和锻炼一个合格的业务人员和管理人员需要几年的时间，跳槽对单位的工作安排会产生比较大的影响，所以，几年一次也属于频繁跳槽了。但更重要的还是要看求职者给出的跳槽理由是否合理，总的来说，如果求职者给出的跳槽理由和他的职业设定相符，那么是可以被理解、接受的。例如他的学习能力特别强，而所在的公司发展空间有限，自身的职业发展受到限制等。另外，一些行业，由于客观原因导致员工跳槽的例子也很多，比如公司“关门”了，公司和其他公司合并成立新公司，所处的职位被调整了，新公司的主营业务和自身的兴趣爱好不一致等，这些理由也是合理的。如果求职业者根本给不出一个合理的跳槽理由，比如说是因为原公司所开的薪水太低，这会让应聘单位认为他是奔着薪水来的，而不是奔着工作来的，就会觉得这个人不可靠。

对于新近几年毕业的大学生来说，一年跳一次还是可以理解的，因为他们在当初找工作的时候对自身的定位并不清楚，这是很多大学毕业生都存在的问题，尤其是在“先就业，再择业”的形势下，他们要通过不断的尝试来确定自己的职业定位。对于一些已经有一段工作经历的人来说，他应该已经确定了自己的职业发展方向，而频繁跳槽只能说明他们在其他方面存在问题。最让人接受的理由是，求职者对自身的职业发展有想法，并且很明确自己的职业发展方向，而跳槽是符合职业规划的。但并不是说所有的企业、所有的职位都喜欢稳定的人，排斥跳槽次数多的人。相反，过于求稳的人会被认为缺乏活力、不敢接受挑战、创新能力不够等。

跳槽者最为关心的就是如何最大限度地化解跳槽风险、减少跳槽成本。最保险的做法是不要急于辞职。先干好本职工作，同时，瞅准机会，一旦有了跳的可能，就迅速抓住机遇。现在很多精明的人都明白，在没有和新东家谈好之前，不要露出任何蛛丝马迹。跳槽是一门学问，也是一种策略。人往高处走，这固然没有错。但是，说来轻巧的一句话，它却包含了为什么要“走”、什么是“高处”、怎么“走”、什么时候“走”，以及“走”了以后怎么办等一系列问题。

从表中可以看出，如果跳槽的思考和准备全部达到一等的程度，各

跳槽决策表

思考和准备度	为什么要“走”	什么是“高处”	怎么“走”	什么时候“走”	“走”后怎么办
三等	收入相对偏低。	收入高。	盲目“走”。	迅速“走”。	一“走”了之。
二等	工作不顺心，没兴趣。	同事和领导好。	脚踏两只船。	等待一段时间再“走”。	两头瞒，两边关系没有处理好。
一等	谋求更好的发展，寻找适合于自己的职业。	学习和发展机会多，职业适合其兴趣。	先干好本职工作，暗中准备好“走”的条件。	先等待时机，或创造时机，等机会到了，及时“走”。	向原单位坦诚说明走的原因，求得理解；在新的单位安心工作。

方面准备相当完备，其跳槽的成功率肯定比较高，能够为将来的发展奠定良好的基础。如果在“走”的过程中，有一个或者几个环节是二等或三等的准备程度，那就很可能在这个环节出现问题。往往一个环节的问题会波及整个“走”的成功率，并影响自己将来的发展和自己在原单位领导心目中的形象。

在跳槽的过程中，关键是在没有和新东家谈好之前，不要露出任何蛛丝马迹。否则，跳槽就容易遭遇“滑铁卢”。

第六章
花钱的学问

我们出去会乱花钱吗？我想，大多数人都不会，人们花钱消费都有一定的心理、习惯、偏好等，既要考虑物品的效用或价值，又要根据自己的收入水平来花钱消费，所谓看钱吃饭，量体裁衣，就是花钱的理性，也就是消费者的经济行为。为什么越贵反而越买？为什么买家没有卖家精？店大如何欺客？我们在购物时都想尽可能以比较少的钱买到称心如意的物品，这就需要我们作为消费者时，多些理性，货比三家，知道商家欺骗消费者的伎俩，尽可能少上当受骗。

1 交换对每个人都有好处

一天，小李在宿舍翻自己的箱子，翻到一件外衣时说："这是我舅父送给我的皮外衣，还挺时髦的，只是我不喜欢穿皮衣，更喜欢穿羽绒服，因为羽绒服穿在身上既轻又舒服。"室友小周马上说："那我用我的羽绒服换你的皮衣如何？我的羽绒服也是年前刚买的。”小李说：“那我们试穿一下，看合不合身。”两人一试，都合身，于是，小李愉快地用自己的皮衣换了羽绒服。

从这个故事我们知道，相互交换对小李和小周都有好处，因为，通过交换二人都得到了更大的满意度。其实，现实生活中，处处都有类似的交换，只不过，我们大多数的交换不是直接的物物交换，而是用我们劳动得来的金钱购买别人的劳动产品。市场经济的一个显著特征就是，它将资源配置到生产效率最高的地方，张艺谋只有从事导演的职业才能得到最高的收入，而让他去推销产品或保险就是对他人力资本的最大浪费。

人们为什么要相互交换各自的劳动产品呢？从表面上看，相互交换可以互通有无。一个渔夫用自己捕获的海狸和一个猎人交换他的鹿。渔夫需要鹿，却只有海狸。但是，既然渔夫需要鹿，为什么他不直接自己去猎杀鹿，却是用他捕获的海狸来交换呢？这是因为渔夫捕杀鹿需要的劳动时间比猎人长，而且，对于渔夫来说，吃鹿肉的满意度比吃海狸肉的满意度更大。显然，同样的分析也适用于猎人。因此，通过交换，他们都可以节约大量劳动，也可以得到更大的满意度。

在当今世界，当一个富国与穷国发生贸易时，富国往往能用其包含劳动比较少的产品交换穷国包含劳动比较多的产品，表现为贸易的不平等。有人把这种现象归结为富国剥削了穷国。事实上，这与剥削没有关系或者关系不大。很多穷国就是从与富国的贸易中得到更多的利益，并从与富国的贸易中迅速由穷变富，如新加坡、韩国等国就是如此。为什么会这样呢？因为不管富国还是穷国，都有其比较优势，相互交换劳动产品或服务即国际贸易会使双方都能利用其优势和长处，并使双方得到更大的满意度和利益，这是一种双赢的局面。比较成本学说和要素禀赋学说都对此作了比较好的解释。

地区之间和个人之间也是如此。我们每个人都有自己的长处和短处，人人都运用其长处，生产其具有比较优势的产品，或提供具有比较优势的服务，则每个人的满意度都增加了，利益也增加了，实现了共赢。现代社会，技术更新越来越快，分工越来越细，正是这种分工的细化和社会协调的有效，使得我们这个社会每个人的工作效率都大大高于前人。而有分工，我们就需要交换各自的劳动或劳动产品，因为这种交换使每个人的满意度都得到了提高，每个人的利益都得到了增长。

我们到全国各地走走，就很容易发现，越是经济发达的地区，其交易活动越多，相互之间的交换或贸易也越多，越是贫穷的地区，尤其是一些偏远的山区，人们之间的相互交换和贸易活动也越少。这好像是因为经济不够发达才导致如此，其实，这是颠倒了因果关系，正是因为相互之间的交换和贸易少才导致贫穷。在一个人人都买，人人都卖，相互之间买卖频繁的地区，或者彼此都能提供更多赚钱机会的地区，人人都可以得到更大的满意度，得到更多的利益。这个道理很简单，人们偶尔干的活一定远远不如天天从事的活来得熟练。我们没有补过鞋的人怎么做也不如一般的鞋匠；干洗店洗的衣服不管其质量还是速度都比我们自己动手好得多、快得多；专职的节能公司就是比我们更会省电、省天然气。现代社会之所以提供如此丰富多彩的商品，归根到底，是由于分工和专业化的好处。一个人人都买、人人都卖的社会必然会促进分工和专业化，并使专业化的熟练程度越来越高，这在使每个人的满意度提高的同时，也给每个人更多赚钱的机会，让人们的利益都增加了。所以，有钱一起赚，有利一起分，也就是我们在出卖自己的劳动或劳动产品的同时，也从别人那里购买更多的劳动或劳动产品，这样，人人都得到了更多的利益。

经济学课堂

比较成本学说

该学说认为，国家之间贸易存在的理由是因为，不同的国家在不同的商品生产中具有比较的成本优势，虽然穷国在许多商品的生产上都可能比富国成本高，但若其生产相对具有比较优势的商品，同样能够得到好处，节省劳动。所以，一国必须出口其具有比较优势的商品，而进口具有比较劣势的商品，这就增加了两国的利益。比较成本学说是由英国经济学家大卫·李嘉图提出的。

赫克歇尔－俄林模型

瑞典经济学家赫克歇尔和他的学生俄林提出了要素禀赋说，该学说认为，同类产品的价格绝对差是各国进行交易的直接基础，而引起其同类物品价格不同的原因主要是生产各种物品的成本比率不同，成本比率决定于其使用要素的价格差异，要素价格决定于要素的相对存量，要素的存量又由要素供给决定，要素供给则是由要素禀赋决定的。所以，任何国家都应出口其资源丰富要素的产品，并进口其资源缺乏要素的产品。

2 价格是谁给抬起来的

相互交换可以使双方或大家都得到更大的满意度，正是这种相互的满足实现了经济的繁荣。那么，经济又是依靠何种力量实现均衡的呢？为什么我们每天能够买到足够的食物？从路边待售的哈密瓜、西瓜、花生、瓜子，到商场的衣服、家用电器、厨具，再到我们喜欢的可口可乐、耐克，是何种力量使它们实现均衡的呢？实现我们生活中这种种的均衡，既不是靠哪位长官的命令，也不是靠诗人的狂想，更不是靠艺术家的灵感，而是靠“一只看不见的手”，它使人们在相互满足的过程中实现交换，实现各自利益的最大化。

这只“看不见的手”就是价格，价格就是指引经济活动最卓有成效的工具，家庭和企业在决定购买什么和卖出什么时都十分关注价格。如果在一个单位时间内，生产者的产量小于市场所需要的产量，则生产者所获得的价格就比较高，从而获得更多的收益，这时，生产者就会增加商品的产量，增加产量的结果是使其出售的商品量等于市场的需要量。反之，如果生产者生产出的产量大于市场需要的产量，则生产者所获得的价格就会低于其期望的价格，从而缩减生产量，最终又使其生产的商品量符合市场需要的量。当需求价格等于供给价格时，它处于均衡状态之中。价格就像一个钟摆，来回摆动，调整着商品的供给和需求，使其实现均衡。

但是，真实的经济学往往有更多的可能性。在火车站内和其旁边的一些商场和售货大厅，人们看到一瓶矿泉水比其他地方的价格要高出好几倍，一碗面也是如此，其他大多数商品都是如此。如果在一般商场的矿泉水是 0.8 元一瓶，而在火车站则往往是 2 元或 2.5 元，这里的商品具有相当可观的利润，既不是因为它的质量更好，也不是因为它的员工有更高的效率，而在于它特殊的位置。因为，在北京西站，来来往往的人很多，很多人容易图方便高价就近购买所需要的食品。

消费者更需要完全竞争，因为有竞争，消费者就可以以较低的价格买到适合自己的商品。但是，商家却更喜欢垄断，趋利的本性必然促使商家去掌握稀缺性，它比没有掌握稀缺性时的利润大得多。我们设想在一个比较偏远的村子，那里的人员流动和信息流动比较少，但那里的人们不能不吃油。一位掌握着食用油的商家特别具有实力，他不仅与村里和乡里的权势人物关系特别好，而且还和他们共同分享其经营食用油的利润，这样，别人不许在这个偏远的地方卖食用油，只有他一家卖，那么他的食用油的价格就可以定在较高的水平。当然，一部分吃不起的穷人只能少买，但还是有很多的村民会从他那里买油。

这个设想好像离我们的生活比较远，但事实上，在我们的实际生活中，这种设想无处不在。我们购买火车票时谁也没有选择的权力；我们买房时好像也没有多大的选择机会；我们购买私家车时，砍价的余地也不算大；我们用电时也只能接受供电公司的价格；我们把东西寄给远方的亲友时，也只能接受邮局规定的价格；手机收费我们更是无可奈何。

北京、上海都有不少房地产开发商，他们形成垄断竞争的市场格局。这些商家好像也会相互竞争，但他们竞争的不是如何降低价格，而是如何抬高价格，如何吸引消费者的眼球，如何使用更加精明的经营策略。北京和上海的房价为什么这么高？成本比较高似乎是个理由，但不完全。

开发商掌握了稀缺性力量是其中很重要的原因，而这种稀缺力量的最后掌握者的垄断力量更大，他们不用费什么代价就可以获得相当的利润。当然，消费者的从众心理也是一个因素，去北京、上海发展的有钱人不少，为了在大城市里占有一席之地，高昂的房价并不能制约他们的购买行为。一些消费者往往容易跟风购买，人为抬高价格。

我们走进大型商场，往往能看到许多价格高的商品，从服装、厨具、食品到日常用品都是如此。一般人对这么高的价格只能看一看，不愿购买。但也有不少大方的顾客，愿意花高价钱购买这些商品，特别是一些手头阔绰、花钱大方的人，和一些带着情人或朋友特意来购物的人，他们好像对商品的价格缺少敏感性。有的人还会问商场服务员这类商品最贵的是哪种，他就挑最贵的买。但毕竟这样的顾客不多，为什么商场还是要把价格定得这么高呢？因为对于商场的一些熟客来说，商场会发给他们优惠券或会员卡，他们可以享受打折的优惠。一些大型商场还出售购物卡给一些大型单位，这些单位的员工使用购物卡购物时也好像对价格的敏感度比较低。所以，商场的利润不会因为商品价格高而降低，反而利润可观。

一般情况下，商家为其商品定价时都会考虑分开价格档次的定价策略，对于价格不够敏感的消费者，使用较高的价格，对于价格比较敏感的顾客，采用低价策略。

经济学课堂

完全竞争

完全竞争指有众多的买者和卖者、产品是同质的或无差别的、要素可以自由流动、信息可以充分获得的一种市场状况。完全竞争条件下的短期均衡条件是价格等于边际成本，长期均衡时，价格不仅等于边际成本还等于平均成本，这时的利润为零。

完全垄断

完全垄断是指只有一个厂商，其产品没有替代品，并存在很高的进入壁垒的一种市场状况。完全垄断厂商的均衡条件是边际收益等于边际成本，不管在短期内还是在长期内都有垄断利润。垄断的成因是因为存在规模经济、政府特许、对稀缺资源的控制等。

垄断竞争

垄断竞争是指有数量较多的厂商、存在产品差别、厂商进出行业比较容易、信息完备等情况的一种市场状况。其短期均衡的条件也是边际收益等于边际成本。垄断竞争厂商在短期内有一定的利润。

3 货比三家比什么

顾客刘太太这样谈论自己的购物经历："我总是在'××'购物，因为这里的商品价格最低。但我想要确认一下是否这个商店真的价格最低。有一次，我把在'××'采购的商品列了个清单，然后，又到另一家超市购买了同样的商品。我发现，另一家超市的商品竟然比'××'的商品要贵1/3。眼见为实，'××'的商品低价真是无与伦比的。"

那么"××"的低价真的是无与伦比吗？当然，两家超市不可能都同样便宜，可能这家超市的某种商品比另一家超市的同种商品要便宜一些，但是，凡事都要具体情况具体分析。很可能，这位刘太太遇到的只是偶然的情况，也可能"××"在商品定价策略上瞄准的是更多的消费者，在"××"低价商品比较多，这样可以吸引更多低收入人群、一些比较会精打细算的家庭主妇的目光，同时又以另一部分高价商品吸引另一部分人的目光。这样，它的市场机会就更多了。

一般人总是认为，有些地方的东西卖得比较贵，有些地方的东西卖得便宜。其实，有些商店在类似的地方提供相同的商品和服务，但却收取不同的价格。比如，在某个超市，同样是黄瓜，一种是堆成一堆，由自己挑选的，另一种是用盒子包装了的。这两种黄瓜品质相差不大，但包装了的黄瓜通常要比没有包装的黄瓜贵一倍以上，甚至几倍。对于一些粗心大意、不愿花时间挑选的顾客来说，他们一般认为，包装的食品比没有包装的食品质量更过关，于是，贵些也愿意买。其实，商家会有意把一些看上去比较好的食品包装一下，有的商店把有些快到期的食品和一些价格比较高的食品放在最显眼的位置，由于品种比较多，一些粗心大意的顾客并没有发现在角落里比较便宜又实惠的商品，而是挑最显眼的商品购买。这样，这些顾客就多付了钱。

我们经常看到，一些大型超市和商场每隔一段时间就会进行大减价，这其实是一些商家的定价策略。有些顾客到商场要比较很久才会购买，有些顾客则相反。所以，对于商家来说，最好是以高价套住忠诚的、不愿挑选的顾客，再以低价吸引喜欢买便宜货的顾客，而中间价位对两种顾客都没有吸引力。这还不是问题的全部，因为商品价格比较稳定的话，往往会让一些粗心大意的顾客也知道哪里有价廉物美的商品。所以，商家总是不断地一会高价，一会又低价，有意搞乱价格。这样，就使一些比较懒散的顾客不会花很多时间来挑选物美价廉的商品。所以，只有多花时间，比较商品的价格，比较其质量，多跑几个地方，多进行挑选，认真观察，才能真正买到价廉物美的商品。

另一位顾客王太太喜欢与一些朋友聊生活上的琐事。她听到一位女伴说，家用电器是耐用消费品，更需要货真价实和售后服务到位，而海尔在这两个方面都做得不错，所以，她宁愿多出点钱也要买海尔的家用电器。于是她也到电器商场去购买了海尔的洗衣机和冰箱。后来，她买的这两件家用电器由于她使用不当出了一点小毛病，她根据商家的承诺打电话要求商家来维修，商家立刻派人来维修，也没有收取任何费用。打这以后，她逢人就说："买家用电器还是买海尔的好，不能图便宜几百块钱，其实，只有质量好，售后服务好，也等于是省了钱。"

王太太购物很会精打细算，因为她知道，消费者对市场上的商品所掌握的信息肯定不如商家，但她通过与女伴们聊天也等于获取了比较完全的市场信息。并且她认为，商品的质量应当是首先要考虑的因素，因为质量好就可以多使用几年，也可以省掉不少维修费用。我们假定，这位王太太购买的两件家用电器价格总共为6000元，可以使用10年，10年中所用的维修费总共为1000元。那么，折合每年使用了700元的家用电器。假定她如果购买另一个商家的家用电器的总价格为5000元，使用时间为8年，8年中所用的维修费为3000元。那么，她每年使用了1000元的家用电器，比海尔的家用电器使用费每年高出300元。所以，她购买海尔的家用电器每年可以省300元。

我们在生活中确实面临着很多这样的选择，某人要是图目前少出一点钱，那么他所购买的商品可能质量、售后服务等方面就要差一些，暂时是省了钱，但是，由于这种低价格的商品所产生的满意度往往低于价格比较高的商品，一些比较实际的消费者还是愿意选择后一种商品。大型商场，其经营成本比较高，商品的档次也比较高，其商品的质量更具有可靠性。自由市场商品的价格比较低，而能不能买到货真价实的商品还需要消费者能够识货，辨别真假。

有一位李先生，准备买一台电脑，他当然知道“联想”、“方正”等牌子比较响的电脑质量比较好，但价格也比较贵。他不打算多花钱，但又需要买一台质量过关的电脑，于是，他请他一位从事电脑维修的孙先生帮忙。孙先生建议他买“翔云”牌电脑，这种电脑主要在南方销售，北方比较少，但质量还不错。孙先生与李先生一起到中关村的一个电脑销售店买这种牌子的电脑，经过孙先生的粗略检查，电脑质量还可以。李先生买这台电脑比“联想”、“方正”牌子的价格便宜近2000元，至今使用了5年，质量一直很好，没有出现过任何毛病。

购物时，大多数人都希望购买到价廉物美的商品，但商家总是比我们消费者更加会算计，他们常常以不同的定价策略使我们无法判断怎样花钱更好。所以，作为消费者，必须多花点时间进行比较，必要时可以请朋友帮忙鉴别、判断，尽量获得更多的信息。只有这样，才能买到物美价廉的商品。我们购物时大都会货比三家，比价格、比质量、比售后服务、比款式、比花色品种，任何的比较都需要认真观察和鉴别。

4 天下没有免费的午餐

一次，黄先生骑自行车逛街，看到街边有许多人在购买补酒和其他保健品，他停下来看看，只见前面写着几个大字："免费检查身体。"黄先生于是也排好队等着检查身体，通过仪器的检查，竟然发现他的肝、胃、肾等都有点毛病。为他检查身体的穿着白大褂的"大夫"对他说："我们这里有不少调理身体功能的保健产品，就如强心健胃酒、补肾益脾酒等都是很好的补品，只要你喝上10瓶，保证身体会得到很大改善，喝上20瓶，你就会变得相当强壮。"听了大夫添油加醋的一番话后，黄先生果真买了两瓶。后来，他喝了这两瓶酒并没有什么反应。想想，可能自己上当了。

我们上面谈到，现代社会是高度分工协作的社会，所以，大多数人都要用自己的劳动赚来的钱换取自己所需要的生活物品，即我们购物就是一种等价交换的过程，是用自己等量劳动赚取的钱去换取等量劳动的物品的过程。换句话说，我们付出了多少，我们就能得到多少，不可能我们没有任何的付出就得到自己所需要的东西。

为什么说天下没有免费的午餐呢？任何商家或小贩都是以牟利为经营目的的，马克思说："资本的本性就是追逐利润，有10%的利润，它就会蠢蠢欲动，有100%的利润，它就会不择手段，有300%的利润，它就会践踏一切人间法律。"商家赔本赚吆喝怎么可能呢？免费更是不可能的，免费只是一个圈套而已，精明的商家大都是算计的老手，设好一个免费的圈套让顾客往里面钻。粗心大意的消费者很容易被眼前的免费欺骗，不知不觉中陷入了对方的圈套。或者只看到眼前的商品真是货真价实、价廉物美，不知道人家玩的就是那种魔术师的把戏。商家进这么一批货，起码需要进货的成本和运输的费用等，他只有在卖价高出成本一定数额时才会出手。

有时，我们常常看到有些自由市场的蔬菜又新鲜，又便宜，可是买回家在冰箱才放一天就坏了，还影响了冰箱里的其他食品的新鲜度。有时，我们买一些外表还可以的苹果，以为真的是价廉物美，可是，回家用刀剖开才发现竟然是由里往外腐烂的。当然，在由于特殊的原因使某种生活必需品的产量突然下降时，这些商品容易成为“吉芬商品”，其价格反而趋高。

以尽可能少的钱买到称心如意的商品是大多数人的愿望，一些在日常生活中十分会精打细算的人往往容易走向极端，贪便宜。而一些骗子和不法之徒就很会利用人们的这种心理，以免费检查、赠送东西为诱饵，让顾客钻进他们设好的圈套，上当受骗。一些不法之徒更是摸透了人们的这种心理，他们善于算计何时犯罪、何时欺骗最划算最没有风险。一是有的人只看到一些表象，看到骗子们展示的商品确实很有用，价格又便宜，暂时失去了鉴别和比较，失去了心理防线；二是在适当时他们会使用威胁手段，让人们在使用了其免费商品后出于心理上的不安，不知不觉就陷入其圈套，或被迫就范。如一些自由市场的便宜猪肉往往是灌水猪肉，一些外表漂亮又便宜的水果往往在表层涂了蜡等。

我们在购物时，需要认识到：天下没有免费的午餐，一分钱一分货，便宜没好货，好货不便宜。买便宜货也需要比较、鉴别，多花点时间，多走些地方，不舍得花时间又贪图便宜就容易吃亏。

经济学课堂

吉芬商品

吉芬商品指的是价格上升引起需求量增加的物品。英国统计学家罗伯特·吉芬最早发现，1845 年爱尔兰发生灾荒，土豆价格上升，但是土豆需求量反而增加了。根据需求法则，消费者对商品或劳务的购买数量一般随着价格的上升，市场需求将减少。吉芬商品所表现出来的特性显然有悖于一般商品的正常情形。当土豆价格上升时，消费者变穷了，收入效应使消费者想少买肉并多买土豆。同时，由于土豆相对于肉变得更为昂贵，替代效应使消费者想购买更多的肉和更少的土豆。此时，人们手中的钱很少，连维持正常生活都不够，收入效应大于替代效应，于是人们不得不消费更多的土豆。而正常的时候，情况相反，替代效应一般大于收入效应。

5 越贵越买的冤大头

有一个小男孩偶尔捡到一块很漂亮的石头，形状也很奇特，惹人喜欢。这个男孩突然想到去市场上碰碰运气，他把石头放在地上，偶尔有人问他这石头卖多少钱。他说："2元。"整整一天，没有人买。回家后他把情况向他的爷爷讲了。他爷爷说："你明天再换个地方卖，开价20元，但最好不要卖出去。"于是，第二天这个男孩又去市场上卖石头，开价20元，果然，不到半天，观看的人就有几十个。回家后爷爷说："你明天再换个地方卖，开价200元，但你最好不要卖出去。"第三天，这男孩又按爷爷的吩咐做。这天观看的人更多了，但他还是没有卖出去。回家后爷爷又吩咐道："明天你再去市场上卖这块石头，开价1000元，不要急着卖出去，要等到有很多很多人围观时，如果有人愿意出1000元以上，你就卖，而且价钱越高越好。"第四天，男孩又去卖石头。他开价就是1000元，没到半天，围观的人里三层，外三层，挤得水泄不通，很多买主都想买他的石头，买者互相抬价，最后他那块石头以1600元的价格卖出去了。

在上面这个例子中，为什么小男孩的石头2元钱时无人问津，价格涨到1000元反而卖得火呢？这与人们的消费心理有关。在一般人的心里，物以稀为贵，那么人们就此推理，贵重的物品一定稀少，是真正有价值的物品。比如有的人买项链、戒指等，由于不知道什么样的货才是真金的，于是，就要买价格比较高甚至是最高的项链、戒指，认为价格高肯定是真货。当然，也有一种人是一种摆阔的心理，即有钱人的炫耀性消费，越是贵的商品他越要买，因为贵的商品代表了身份和地位，比如拍卖名人的字画等艺术品的购买行为也是一种炫耀性消费，因为，通过在拍卖市场买到高价的名人艺术品既可以提高自己的知名度，又可以显示自己的富有。

在我们这个社会，越贵越买的人还真不少。2007 年，为了做情人节的生意，北京某商场出售一朵标价为 199 999 元的玫瑰花。这朵花用纯铂金 258 克，完全按照真花大小比例精心制作，成了商场的“花魁”，引人注目，很是稀奇。商家对这朵玫瑰的销售前景倒是持乐观态度。像这样的天价玫瑰，不但北京有，其他地方也有。山东济南商家就推出了一款用纯金打造、售价 7 000 元的玫瑰。

物以稀为贵，有钱人就是要通过高档的服装、名贵的首饰、价值连城的玫瑰花、豪华盛宴等来标识自己的社会地位和品位档次，他们只有使用与众不同的、稀少的东西，才能引起别人的注意和羡慕，如果与普通人一样穿着打扮，使用同样的物品，吃同样的东西就不能显示自己的身份和优越感。一些商家正是抓住有钱人的这种身份意识，抓住有钱人的个性化需求，在“稀”、“特”、“贵”上做文章，采取高价位，提供贵族般的服务，让有钱人充分体验到满足感。并且一些精明的商家有意把服务和商品品质的差距扩大，比如火车上的“硬座”车厢和飞机的经济舱有意不提供适当的服务，才能让人们到卧铺车厢和头等舱去。其他的像服装、医疗、法律等服务都是如此。价格上升多少才能让那些有钱人掏腰包呢？一般来说，随着收入的上升，对高品质商品会有更大的需求，起码这个弹性系数要大于 1，甚至是 10，或者更高。收入弹性高的奢侈品和服务的需求随着收入的上升而快速增加，观光、美容、差异化服务全都归于此。

越贵的东西就一定品质好吗？未必如此。像上面那块石头，其实根本不值什么钱，最后竟然卖到 1600 块钱，买主就是买个感觉而已。还有那些所谓的高档服装，虽然其外观确实高档，但几万元、十几万元一套的西装和两三千元钱的西装，其品质其实并没有价格相差的那么大；豪华盛宴和几万元一个的水果也基本上是给商家白白掏钱。有的人买东西就是要牌子，非得买名牌商品，以为名牌商品一定质量好，显示了身份和地位。一些不法之徒就抓住消费者的这种心理，生产假冒的名牌商品，假“五粮液”、假“茅台”、假“耐克”等，不一而足。趋利是人们行为的主要动机之一，利益越多，人们的追求就越强烈，有钱人喜欢花钱，就容易给一些经营者提供敲诈、欺诈的动机。生活中最常见的就是以“天然”之名进行的价格欺诈，由于有许多食品危害身体健康的消息出现，很多人认为天然食品更好，不会死人。一些商家就供应大量的天然食品，其价格远远超出商家为此所付出的成本，商家正是借天然食品流行之风“宰”顾客，有的天然食品比一般食品价格高出十几倍。

所以，收入比较高的人在消费上也需要理性，不能简单地推断贵的东西就一定好，一定值，买贵东西也需要货比三家。盲目消费只会给商家、骗子提供赚钱或欺骗的机会。

经济学课堂

炫耀性消费

人的消费动机决定了人的消费行为。人的消费不仅仅是为了满足物质欲望，还要满足精神欲望。随着社会发展和人们富裕程度的提高，精神欲望也越来越重要。精神欲望是多种多样的，其中之一就是通过消费来显示、炫耀自己的社会身份。这种消费被称为炫耀性消费，用于这种消费的物品被称为炫耀性物品。

弹性系数

弹性是经济学广泛采用的一个术语，表示一个经济变量的相对变化对另一个经济变量的相对变化的敏感程度。商品 Y 价格每变化 1%时，商品 X 销量变动的百分比就是商品 X 对于商品 Y 的交叉弹性。弹性系数＝因变量的相对变动／自变量的相对变动。

收入弹性

一般来说，有些商品和服务随着人们收入的增加，其需求量也会增加，收入弹性是指收入增加一个百分点而引起某商品或服务需求量相应增加的百分点数，或其需求量变动的幅度除以收入变动的幅度。通常情况下，生活必需品收入弹性小，奢侈品的收入弹性大。

6 买家没有卖家精

“买家没有卖家精”，这里的“精”，是指精明、狡诈、滑头、算计。君不见市场上贴着的告示：跳楼价、大甩卖、三折优惠、买一赠二。但当消费者猛掏腰包，禁不住购买这些商家“赔着血本”的物品的时候，说不准又上当了。有一位刘先生最近就深刻地体会到了这句话的含义。一天，刘先生看到某电器商场在做促销活动，一款800万像素的名牌数码相机只卖2380元，而市面上相同像素的名牌数码相机价格至少在2600元以上。这款相机外形非常小巧，不仅价格极具诱惑力，还随机赠送相机包、锂电池、充电器等配件。售货员向他介绍，别的商店这款相机要卖3000多元，这家商场今天特价，而且只卖3台。这位仁兄不禁怦然心动，于是非常爽快地买下这款相机。当他正为自己果断出手而沾沾自喜的时候，却发现这款相机不能变焦，功能和傻瓜机一样。

在生活中，我们经常见到商场一会贵卖，一会又贱卖，经常耍一些买一赠一、买一赠二、大甩卖、购物返券等销售伎俩，人们被这种现象弄得稀里糊涂。现在，人们的生活水平提高了，消费需求也不断上升。于是在社会上不时出现一波又一波的消费热潮，一种比较新潮的商品出来了，如时装、液晶彩电、光波炉等。最有钱的人、最喜欢赶时髦的人最先购买，但随着时间的过去，新潮的商品也不再新潮，商家就打折销售，开始是打七折、八折，最后甚至可以打三折、两折销售。那些手头不那么阔绰的顾客往往会等到热潮过后才肯购买减价的商品。一些商家针对这种情况往往会推出最优惠顾客待遇，就是一种不降价的承诺，特别是针对一些熟客，商家往往执行最惠顾客待遇，保证顾客可以买到物有所值的商品，如果顾客发现这种商品降价，商家保证退还降价的差额，务必不让最早购买这种商品的顾客吃亏。正是由于有这样一种承诺，一些喜欢赶时髦的消费者就会说一不二地首先购买这种时髦的商品，商家有这些熟客来引导消费也觉得很值得。

聪明的消费者都知道，信息不对称是自己购物上当受骗的主要原因，所以，只要能够掌握尽可能完全的商品信息，就可以减少被“宰”的机会。商家也越来越精明，如果有的顾客需要掌握比较完全的市场信息，一些商家还是很乐意提供的。现在假定有一个顾客要购买手提电脑，手提电脑的价格从 9000 元到 12000 元不等，假定在顾客没有得到比较完全的信息之前，商家可以每台电脑赚 1000 元，而如果顾客得到了信息就只能赚 600 元，商家要少赚 400 元，而顾客可以省下 400 元。在这场商家与顾客的相互算计中，对局的人是商家和顾客，顾客的策略有两个：了解信息和不了解信息；商家的策略也有两个：让对方了解信息和不让对方了解信息。

如果商家不让顾客了解信息，那么商家可以每台电脑赚 1 000 元，比不让顾客了解信息多赚了 400 元，而顾客却要损失 400 元；如果让顾客了解信息，那么商家每台电脑赚 600 元，而顾客得益 400 元。但是如果不让顾客了解信息，很可能顾客就不会在这个商场购买。商家怕失去这样一个客户，在现在这样竞争激烈的市场上，还是宁愿少赚点，让顾客了解有关手提电脑的比较详细的信息。这样，商家可以赢得更多的客户。

像上面这些情况，消费者并没有吃多大的亏，更多的情况是消费者无论如何都算计不过商家，被骗、被宰的情况多，只是被宰的程度不同而已。柠檬原产于印度，虽然清香宜人，但没有多大的水果味，而且涩、腥味浓。英国人以柠檬比喻性能和品质均很差的商品或服务，甚至将交易低等商品和服务的市场称为“柠檬市场”，柠檬市场就是商家和消费者信息完全不对称的市场。比如，在旧车市场上，购买二手车的人事先要做好承受风险的准备，虽然二手车的销售人员知道该车的光彩和不光彩的底细，但他为了卖个好价钱，不可能全盘托出其过去的运行状况，这样，买二手车的人很容易花高价买一辆次品车。我们假设出售的车有一半是好车，即“桃子”，另一半是次品，即“柠檬”，如果“桃子”的价格为40000元，“柠檬”的价格是20000元，买主认为，好坏的概率均为50%，因此，花25000元买辆旧车损失的可能性并不大。但销售人员知道该车的实际情况，他不会把好车卖个25000元，当买主愿意出25000元买“柠檬”时，二手车的销售人员才会出手，因为他面对的并不是各50%的概率。这样，买主肯定是买辆“柠檬”，而不是“桃子”。所以，在“柠檬市场”里，“良货囤积，恶货畅销”。这种情况在我们的现实生活中很多，如二手手机、二手家用电器等。我们也常常看到，街边的餐馆、小酒吧、面食店、服装店等都存在多收费，或“柠檬”充斥、“桃子”囤积的现象。

经济学课堂

信息不对称

信息不对称是诺贝尔经济学奖的获奖理论，就是指在商业经济活动中，处于不同的角色的人，其信息量是不平等的。比如在一家商店里，商家知道他的商品进货的价格是多少，如果售价一定，他每卖一件商品的利润是多少，而在此购物的消费者是不知道的，这就是信息不对称。

7 店大欺客

“店大欺客”的意思是说是说刚开张时，店家对顾客是极为热情客气的，等到店开得大了、生意好了，对顾客的态度便一落千丈，狗仗人势的服务员也常会冒出诸如“爱来不来”、“不知道”、“不清楚”这些话来，令人失望。究竟是什么原因导致一些商家这样对待顾客呢?

虽然一些商家在其市场竞争时期，善于经营，有其艰苦奋斗的发家史，为市民提供了很多就业机会，为繁荣市场和国家财政做出了贡献。但是，当它发展到一定规模时，往往产生垄断稀缺资源、不公平交易等现象，甚至就靠垄断稀缺的资源吃饭，从而产生骄傲自大、高人一等的心理。另外，随着商场规模的不断扩大，相应的管理措施没有跟上，对员工缺乏制度上的约束力。所以，一些商家一旦占领或稳定了市场就开始欺负顾客，因为它认为，你反正要到我这里购买，所以，尽管人们目前都比较信任一些连锁商场，但是，“店大欺客”的情况仍时有出现，不仅损害了消费者的利益，也在一定程度上，削弱了某些连销商场的信誉。例如，某电器商场就名列投诉排行榜前列，被投诉的内容，涉及销售过程中的诸多环节。一些商家或是利用促销手段暗藏陷阱，或是售后服务不信守承诺，或是误导消费者购物，致使消费者的利益遭到损害。

刘女士称，她在某电器商场挑选抽油烟机时，就遭遇“欺客之举”。当时她看中了“帅×”牌和“欧×”牌。但是，由于欧×抽油烟机的女售货员说“欧×”那一款“提供免费三年清洗和服务金卡”，而“帅×”的售货员却说清洗是要收费的，因此刘女士选择了“欧×”牌的一款油烟机。一段时间之后，在刘女士需要清洗抽油烟机时，商家却说清洗不是免费的。她这才发现金卡上所谓的“免费三年清洗”，指的是“买热水器、消毒柜、抽油烟机、灶具”两款产品可享受金卡服务，与欧×牌售货员的“免费三年清洗”根本不是一个概念！凭着这个“服务全面”的金卡，刘女士还需要支付 90 元的清洗费，才能享受到清洗抽油烟机的服务！

已成为“投诉冠军”的该电器商场，为何至今仍然没有采取重大行动来维护它的信誉呢？全国各地各级消协对于该电器商场的投诉备案，数量不在少数。由于在销售环节中存在诸多问题，该电器商场如若不及时以实际行动维护消费者利益，建构真正的放心消费环境，那么，必将因失信于顾客而落后于其他电器连锁机构，失去顾客的信任和支持，必然遭到市场的淘汰。

有一则狮子和老鼠的寓言故事。有一天，狮子逮住了一只老鼠，老鼠央求狮子放过自己，并承诺将来一定会报答狮子。狮子不以为然，但还是放了老鼠。过了一段时间，狮子中了猎人的圈套，被绳子捆得紧紧的。这时，老鼠及时出现了，咬断绳子，使狮子逃过了一劫。如果说大型商场或大型连锁超市是狮子的话，消费者可以比做老鼠，也许，像大型商场这样的“狮子”认为自己实力雄厚，不用依靠消费者这样的“小老鼠”，但或许将来“狮子”还得靠“小老鼠”才能救命呢。

“店大欺客”说白了就是一些商家自以为在市场上已经站稳了脚跟，并不需要顾客这样的“小老鼠”来关照其生意的兴隆，产生一种孤傲、自大的心理。这一方面是因为我国的行业自律还不够，一般市场经济国家，许多行业都有行业协会，对一些商家的欺诈行为，行业协会会进行一些必要的制约。我国在这方面还没有起步。但消费者也可以向消费者协会投诉，消费者协会应当在这方面有所作为。另一方面，要从根本上制止店大欺客行为的产生还需要促进竞争，消除行业进入壁垒，让更多的民间资本进入一般商品市场，一个竞争者的力量比几十个市场监督员的力量还要强大。同时，必须加大力气消除地方保护主义，很多商家的自大心理源自于地方保护主义，因为大型商家都是地方财政的贡献大户，地方政府会全力支持它的发展。

8 消费维权

售楼广告

有一则售楼广告说：“本楼盘离城仅一步之遥，人气极旺，绿化率60%，一片山水景色。”一位准备买房的准顾客看到这则广告后即按地址找到了该地，当他费尽了九牛二虎之力达到目的地后才发现：“离城一步之遥”是指乘坐某路公共汽车从起点坐到终点；“人气极旺”是指那里的老鼠很多，到处出没；绿化率60％是指楼房周围有60％的地区长满杂草；“一片山水景色”是指其外围被农田包围。

美容广告

采用国际一流的美学标准，国际最先进的专业美容技术，一流的美容大师，使你的脸形自然、逼真，一点都不假，店内有真人实例，完美美容仅需880元。

类似这样的广告满街都是，并非房地产行业和美容行业独有，很多行业都有。但是，当你掏了钱以后，才发现广告的虚假性有80%。虚假广告让许多消费者上当受骗，可是当消费者要找商家理论或投诉商家时，商家却说广告不是依据，让消费者投诉无门。

之所以会发生这样的情形，根源还在于在市场上，消费者与商家的地位是天然不平等的。一方面是因为，商家都是财大气粗，实力颇大，说不定还有靠山；而消费者是分散的，即使是消费者协会也不一定能够为消费者讨个公道，所以，消费者根本无法与商家抗衡。另一方面，在信息不对称的市场上，消费者是缺乏信息的一方，而且无法以高价获得信息。与消费者相比，商家往往容易相互勾结，达成一致，所以，虽然商家数量不多，但真正的力量还是在他们那里。

保护消费者权益是任何一个市场经济的政府的基本职责，这种保护不仅要有立法，而且需要政府和执法部门严格执法。但是，我国的执法力度却不得不让人怀疑，在部门利益的驱动下，消费者权益受到了损害却不了了之，纵容了商家的侵权行为，导致一些商家竟然使用霸王条款来对付消费者。作为消费者应当拿起法律武器来保护自己，这种成功的例子还是不少，前些年，有个叫王海的人曾专门抓商家的把柄，运用法律武器保护消费者权益，可是，现在居然有“前赴”而无“后继”了。消费者协会作为消费者自己的组织应当代表消费者的利益与商家抗衡。

作为消费者，也需要有法律意识和维权意识，知道一些《消费者权益保障法》的内容，购买商品尤其是大件商品，必须手续齐全，索取正规的税务发票和商品的维修承诺书。消费者有了商品销售的正规发票，就可以在自己的权益被商家侵犯时，及时向消费者协会或其他监管部门举报、投诉，损失重大的应当通过法律渠道要求商家赔偿所造成的损失。北京市规定，消费者购买商品应当向商家索取正规的税务发票，对于不给正规发票的商家，消费者可以举报。不给正规发票的商家不仅容易欺骗顾客，也是一种逃税行为。

从市场的角度来看，之所以存在一些商家欺骗和垄断的行为，主要还是因为其垄断地位的存在。因此，不管是人为的垄断、历史形成的垄断还是自然形成的垄断，都会侵害消费者的权益。要从根本上保护消费者权益，还需要促进竞争，在法律上要制定反垄断法。美国的微软都被美国商务部以垄断为名一分为二。我国的一些行业也应当放宽中小企业进入的门槛，把一些人为和历史造成的垄断打破，唯有竞争才是市场经济产生效率的唯一途径，也是消费者的福音。

另外，信息不对称不仅损害消费者权益，对商家也没有好处。在信息不对称的情况下，消费者只会产生逆向选择，即消费者认为他所购买的产品或服务不值更高的价，只有在低价格的情况下，消费者才会购买，这样一来，商品的品质和服务就难以提高，商家只能赚比较低的利润。甚至于一些消费者不愿在国内大量购买商品和服务，宁愿到国外去旅游、购物，商家因此损失了不少。所以，商家通过掌握对自己有益的信息赚取超额利润完全是一种短视的行为，最终损害的是自己的利益。

欺骗或许是一些人的本性，从普通的推销人员到精明的商家都会利用自己所掌握的信息优势进行欺骗，这是由人类的趋利动机决定的。蚊子感觉到人的存在就会吸血，要防止蚊子对人的伤害只能靠纱窗、蚊香、灭蚊器等。一些人的趋利本性不可能通过道德的约束而改变，要克服欺骗、店大欺客、信息不对称等对消费者权益的损害和造成消费不畅的情况，需要大力规范市场经济秩序和微观规制，需要政府主管部门花大力气，需要居民和企业的共同努力，形成社会性的防范网络和惩罚机制。

经济学课堂

消费者权益

消费者权益指消费者在有偿获得商品或接受服务时，以及在以后的一定时期内依法享有的权益。消费者权益，是在一定社会经济关系下，适应经济运行的客观需要赋给商品最终使用者享有的权利。在现代市场经济中，国家依照社会经济运行的需要和市场上消费者的主体地位，制定明确的立法，这就使消费者权益不仅是一种公共约定和公认的规范，还得到了国家法律的确认和保护。

第七章
出行的效率

出行要怎样才有效率呢？是骑自行车、坐地铁还是挤公交呢？出外旅游又乘什么交通工具好呢？这既要根据自己的经济条件又要讲究效率。乘自己的私家车会不会提高出行的效率呢？为什么街上的汽车老是鸣笛呢？为什么路修得越多，出行越难呢？公交能解决出行难的问题吗？在现代社会，时间就是金钱，节省出行的时间就可以提高效率，怎样在出行的时间和金钱上权衡利弊，各人都有自己的小九九。

1 骑自行车、挤公交还是买车

如今，城市骑自行车的主要组成人员是众多的城市打工者、学生以及其他普通收入人群，他们中很多是“穷人”，或者是准穷人。他们选择自行车出行，是出于“出行方便与消费水平”的现实。

相对于乘坐公交车的无奈来说，骑自行车是一些人的一种享受。没有那种等公交车的焦急、心烦，空间也广阔无比，还可以让自己的心灵与自行车一道自由驰骋。这时，不用担心胳膊会碰到旁边的人而遭人白眼，不用担心因为堵车而上班迟到。骑车还可以锻炼身体……当然，骑车也有骑车的烦恼，那就是一路上吃二氧化硫，至于每天有多少二氧化硫分子进入了自己的肺部，可能测不出来。另外，就是一些不那么遵守规矩的司机硬是抢过来占据宝贵的自行车道，就这么一辆或几辆车把其后面一路的自行车给挡住了。

自行车虽是一种绿色交通工具，但也不是一种很好的交通方式，因为自行车宽有 0.5 米，长 1 米多，上路时两侧还要有二三十厘米的安全间距，8 辆自行车分成 3 排上路，就占据了一辆公交车的行车空间，自行车过多对道路资源也是一种浪费。但是，公交是“线”，而自行车是“点到点”，互为补充，自行车能填补公交布线的“盲区”。自行车在运力上确实不如公交，但其方便性、灵活性又是公交车无法比拟的。

在现代社会，时间就是金钱，效率就是生命。如果骑车要讲究效率，可以买辆电动车，骑电动车上班或跑业务比自行车快多了，一般来说要快了 3/4 的时间。根据一些人的检验，骑电动车是城市最有时间效率的出行工具。而且，电动车既省时又经济，花 1 元钱就能跑 40 公里。

挤公交也有挤公交的好处，起码夏天乘坐公交车不用晒太阳，冬天、春天乘坐公交车不用被冷风吹，也不用吃那么多的灰尘和二氧化硫。而且，现在城市公交车的质量也在不断提高，一些公交车坐在上面还是比较舒服的。世界上的大城市特别是特大城市都提倡公交优先，因为公交车的载客量比较多，效率高。私家车太多、自行车和电动车太多都容易造成交通堵塞和不便。对于一些不太在乎时间的人来说，乘坐公交车是更好的选择。尤其是老年人和中小学学生，他们可以享受公交车票价半价的优惠，时间也比较充裕。

对于城市居民中收入比较高的人来说，买辆车也是一种不错的选择。现在，发达国家已经超过了人均一辆轿车的水平，我国以“福田指数”来表示一个地区机动车的拥有水平，也可以用来表示其经济发展水平。

私家车是现代都市人身份和地位的象征，没有私家车的人有了一辆私家车就会说：“有车的感觉真好！”一是身份提高了；二是可以更多地分享城市的公共道路资源；三是可以更多地回避汽车尾气的负外部效应，当然他也给别人制造了负外部效应；四是使身心更加舒畅，五是拓宽了出行的圈子或范围，拓展了朋友的圈子。不过有私家车也有私家车的烦恼：一是要出保养费，要洗车，时间久了还要修车；二是城市的停车空位不足，往往为停车而烦恼：就是在小区内，一年的停车费也要1000多块钱；三是汽油涨价的幅度超过了工资增长的幅度，所以，有的人感叹买得起车，养不起车；四是交通堵塞时最让人心烦，一些城市的交通设施相对落后，主要交通干道行车速度不快一直是困扰市民出行的一大问题，有时开车还不如骑车快；五是交通参与者安全意识淡薄，导致交通风险增大。所以，相对来说买私家车不仅花费高，机会成本也不小。当然，收入提高了，生活水平提高了，交往的朋友多了，生意上的往来多了，买辆私家车就可以提高工作效率，节省很多时间。

如果嫌市中心的房价太高，而近郊区的房价比较低，足足可以省下钱来买辆私家车，那么，买私家车，不仅上班更方便、快速，而且更舒服。一般来说，住宅离办公地比较远的人，更愿意买私家车，住宅离办公地近的人，买私家车的需求没有那么强烈。

经济学课堂

福田指数

福田指数是一个反映中国人机动生活质量的指数，它表明了中国居民在进行社会经济活动时多大程度上可以借助于机动车辆，用量化的方式展示了机动车辆影响人民生活的程度与方式。“福田指数”是我国第一个揭示机动车辆和人民生活相关性的指数，具有重要的行业指示作用。

2 司机为何老摁喇叭

中国的老百姓外出都有一种感觉，即只要一走到马路上，就容易被汽车不断的马达声和喇叭声搅坏心情。在小城市，由于汽车摁喇叭的声音特别大，使得一些地方街边的电话都不好用，听电话的人只能听到喇叭声，听不清电话中人的声音。就是在北京、上海这样的大城市，汽车马达声和喇叭声也成为市民公认的一种噪音污染。在广州，规定市区不许汽车摁喇叭，成为备受广大市民拥护的举措之一。汽车鸣笛太多，有时害得居民睡觉都睡不安稳，有心脏病的人更是受不了刺耳的喇叭声。所以，汽车鸣笛太多造成的社会成本还真不少，这种社会成本也是外部负效应，和环境污染差不多。

在市场经济中，政府的一个关键作用就是处理外部性问题，外部性是各种政策的依据，当一些行为与社会成本之间的缺口很大时，个人和市场无法解决这类问题。所以，一般来说，政府应当管制带有负外部性的经济活动。噪音污染并不仅限于汽车摁喇叭，建筑工地的噪音污染也比较多，但其影响范围不算大。而汽车摁喇叭的影响是普遍性的，所以政府的管制也是一种有效的解决方式。

在我国，汽车乱摁喇叭也不完全是汽车司机的错，行人也有错。因为，在我国，对于行人怎样走十字路口或斑马线没有明确的规定。另外，就是不管是行人还是汽车司机都缺乏礼让意识，总认为礼让就是吃亏，从而使行人与汽车的礼让陷入了“囚徒困境”，见右页图。

如图所示，在这种行人与汽车的交通算计中，如果互相礼让，则大家都可以得 7。但如果行人抢行，行人就可以得 9，汽车只能得 1，如果汽车抢行，则汽车得 9，行人得 1。所以站在自己的利益上考虑，抢行是优势策略，礼让则是劣势策略。运用劣势策略消去法，可以知道，交通中行人与汽车算计的结果就是大家都抢行，这样，大家都只能得 3。因此，交通算计就陷入了“囚徒困境”。正是因为这样，汽车司机只好鸣喇叭，由于所有司机都这样，这就容易形成一种习惯，也就是说，在

行人

汽车		礼让	抢行
	礼让	7 7	9 1
	抢行	1 9	3 3

不需要鸣喇叭的时候，司机也认为，鸣喇叭的成本比较小，行人抢行时司机鸣喇叭以警告行人危险。汽车要抢行时也要鸣喇叭，因为司机认为，反正你不敢撞过来。所以，在行人与汽车的交通算计中，行人吃亏得多，行人对汽车鸣喇叭很容易产生一种厌恶感，所以，在行人多的时候，往往行人集体抢行，汽车也无可奈何。之所以出现这种情况，还在于我国执行交通法规不够严格，对违规行为的处罚不够严厉。因此，司机就会觉得违规的成本很低，才会和行人抢行。而为了抢行，摁喇叭唬住行人对司机来说是成本最小、利益最大化的习惯行为，这样，司机爱摁喇叭也就司空见惯了。

在一些国家，交通规则十分明确，而且执行严格。一旦司机驾驶违规，并出了交通事故，就可能毁掉自己的一生，哪个司机敢麻痹大意呢？所以，即使在半夜，马路上没有一辆车，人们依旧遵守交通规则，这是现代社会汽车文化培育出来的精神。人人都有了这种精神，有了这种交通规则意识，司机就没有必要摁喇叭了。从这点看来，我国公民在培育汽车文化和交通规则意识上还有很长的路要走。

经济学课堂

囚徒困境

警察逮捕了两名嫌疑犯——甲和乙，将他们分别带到两个房间进行审讯。负责审讯的警察分别告诉了甲乙两名嫌疑犯摆在他们面前的选择：第一，如果一方抵抗而另一方坦白，坦白方则因主动承认并指正对方会被无罪释放。第二，如果双方都主动承认，那么他们二人将会被监禁一年。这时候，面对这样的选择，面对困难和危险，二人都有“规避心理”，进行利益最大化的选择，甲乙的选择看似对自己最有利，但却不是最好的。

3 公交车能解决出行难吗

在城市特别是像北京这样的特大城市，市民出行主要是靠公交车。不可否认，在今后相当长的一段时期内，公交车依然是市民的主要出行工具之一。虽然轿车进入百姓家庭是大势所趋，但由于污染问题、道路紧张问题、汽油涨价问题等，政府还是提倡市民出行以公交车为主。市民出行以公交车为主是世界上许多国际化大都市的普遍做法。但是，目前在我国，公交车在解决市民出行难方面依然存在种种难题。难题之一是交通设施相对落后，主要交通干道行车速度不快一直是困扰市民出行的一大问题；难题之二是交通拥挤堵塞严重，一些主要干线经常堵车；难题之三是公民的交通意识淡薄，不管是汽车司机还是行人，不遵守交通规则的情况很多，交通违规行为也比较多，行人的交通安全意识淡薄。

即使这样，公共交通在解决市民出行难问题上依然显得供给不足。目前我国公交出行的分担率不足10%。特大城市也仅有20%左右，这一数字只是欧洲40%～60%出行比例的1/3～1/2。城市公交车目前平均车速只有10公里／小时，已低于自行车12公里／小时的速度。

为了解决城市居民出行难的问题，最近，北京市公交线路也进行了一系列的改革。据了解，各线路在“首发日”还专门于上班高峰时段采取加车手段，以尽量满足乘客的需求，同时，个别与城铁有衔接的线路还特意根据城铁的时刻表指定发车间隔，以最大限度方便乘客。

不过，部分拉活的“黑车”并未因此受到影响。因为几个人一起“拼车”，平摊下来才几块钱。既然“黑车”依旧有市场，那么，在不能对公交有所影响、在线路以及总量控制上有所考虑的前提下，能不能把部分社会车辆组织起来，为小区居民提供方便？这样既便于管理，又给予部分“黑车”以出路，还增加了政府的税收，使这个本来是扰乱市场的行为变得规范，并解决了部分小区不适合开通公交车、噪音扰民等现实问题，对解决部分社区出行难的问题，未尝不是个好办法。

世界上的大城市都提倡公交优先，一些国家的大城市有专门的公交车道，即使在公交车道内车辆很少，其他的车辆也不许挤进来。我国的一些大城市虽然也有专门的公交车道，但是其他的车辆特别是轿车一样使用公交车道。加上轿车一般没有礼让意识，所以，公交车的速度缓慢，甚至不如自行车的速度。对于大城市紧张的道路资源来说，一辆公交车的载客量相当于几十辆轿车和自行车，其道路资源的利用率相当高。所以，为了全体市民的出行效率，还是应当提倡市民上班多乘坐公交车，少用自行车和轿车。如果大家都为自己的利益着想，乘坐私家车上班，就很容易降低出行的效率。一些国家在交通高峰时间收取交通堵塞费的效果相当明显，使交通堵塞时期的车辆减少了 1/3。

城市公交不一定全部由政府包揽，公共交通一样可以由私人经营。在许多国家，由众多小公司经营一些公共汽车运营线路，它们参与市场竞争，虽然收费略高些，但设备舒适、运行安全、服务周到、到站准时，既方便了市民，又为公交系统增加了竞争的压力，提高了公交的效率。所以，应当允许在公交系统引入竞争机制，允许私人参与到城市公共交通上来，也就是要走多渠道的路子才能从根本上解决城市居民的出行难问题。

衣食住行中的“行”虽然在我们的生活中排在末位，但其重要性却越来越大。特别是在大城市，人们出行问题越来越突出。很多人并不是喜欢骑车，而是没办法。大多数成熟市场经济国家的大城市虽然高楼密集、人口密集，但他们使用小汽车的并不多，而是充分利用地上、地下的公共交通系统，他们的公共交通系统也相当发达、方便，从地铁、轻轨到公共汽车都相当方便、经济。其城市功能的布局分配也比较合理，人们从生活区到办公区的往返也很方便，这就大大减轻了城市交通的压力。我国在这方面还刚刚开始，需要一定的时间才能形成在大城市以公共交通为主，城市功能合理分布的格局。

4 马路杀手与社会保险

“马路杀手”是指没有掌握驾驶技能却驱车上路、危及他人生命安全的各色人等，是人们为那些在马路上严重违章、制造恶性交通事故、危害人民生命安全的汽车司机所起的绰号。嘲笑之中隐隐透出一丝血腥的气息，令人不寒而栗。其中，部分驾照发放部门屈从于关系或利益，把关不严甚至徇私舞弊等，是一个重要原因。

“马路杀手”中固然有无照驾驶的违章者，更多的却是手持驾驶执照的“合格者”。培训新驾驶员质量不过关的因素又有以下几个方面：(1) 随着市场经济的发展，“驾校”多了起来，一多就难免良莠不齐；(2) 各地负责新司机结业考试的单位把关不严格；(3) 学车的人多了，知识、文化、道德、法制观念等综合素质差别太大；(4) 新司机拿到“驾照”后，许多 7 单位疏于管理和教育。

个性张扬的改装车也频频成为“马路杀手”，安全隐患很大。一是安装保险杠。国贸大厦上班的王女士刚买了一辆崭新的本田车，就碰到了烦心事。一星期前，王女士在深南大道行驶时，被后面的一辆吉普车追尾，本田被撞得惨不忍睹，因为那辆普通吉普车前安装了一个超大型保险杠。二是有的车主为了更好地提高汽车的穿越功能，将私家车改装成越野车。三是越来越多车主给“爱车”改装了大功率的灯泡，近年来车灯越来越亮，装大车灯只顾自己方便，根本不管对方车辆的司机会不会被照得什么也看不到。目前，汽车改装市场飞速发展，但这个行业却缺乏法律法规或行业标准予以规范，消费心态仍然不成熟。

长期睡眠不好也是产生“马路杀手”的因素之一。睡眠是大自然恢复体力与脑力的最好方式，也是一种本能。只有充分发挥这一人类本能，睡得好，次日才能精神抖擞地迎接工作。长期睡眠不好，会产生疲劳现象，不但觉得体力没有恢复，而且大脑昏昏沉沉，注意力不集中，记忆力下降。疲劳驾车在发生车祸中所占的比例为29%。在美国，每年发生的200万起交通事故中，约有4万～5万人丧生。引起交通事故的主要原因是司机疲劳驾车，注意力不集中，白天过度困倦。

开车给他人制造的外部效应已经够多的了，排出汽车尾气、噪音制造环境污染，不仅影响了人类，而且污染了整个地球。所有这些外部效应，汽车司机都没有对受损失的人给予补偿，使其付出和收获不成比例。但这些还只是渐进的、间接的损失，不是特别明显。而“马路杀手”却是汽车司机给他人制造的最剧烈的损失，不仅给他人造成了直接的、明显的、严重的物质损失，而且制造了生命和精神的巨大损失。世界上每年都有相当数量的人死于交通事故，更多的人在交通事故中成为残疾，影响一生的幸福。虽然我国新的交通法规定，开车撞死人赔偿50万元，但真正能得到赔偿的人并不多，即使赔偿了，也不可能以50万元补偿受害人及其亲人全部物质和精神的损失。即使是汽车尾气污染，其排放的有毒颗粒不仅污染着马路旁边的行人，也是造成全球变暖的主要因素，其有毒物质对大众健康造成的损失是渐进的，也等于是“马路杀手”，这些损失，汽车司机和石油公司都没有付出相应的费用。

我们的出行面临着如此大的风险，但是整个社会的保险意识却很淡薄。有钱的人被车撞伤有钱治疗，如果是一个普通的穷人被车撞伤了，就只能靠车主来出钱治疗。但是，真正会出钱治疗被撞伤乘客的车主也不多。比如，前不久，从中央电视台新闻中看到一辆满载着乘客的旅游车在安徽被撞，伤了不少人，受伤的人员虽然被很快送往医院治疗，但由谁来出那些治疗费用却成为一个难题。旅行社为了省钱，连规定该买的保险都没有买，旅行社又没有把具体情况告诉乘客，乘客也不可能买旅行意外险。开车的司机也不愿为此负责。因此，这笔治疗费用又引发了一段纠纷。一些公民保险意识十分淡薄，等到大难临头时却往往悔之晚矣。在市场经济条件下，人们的出行还是面临着不少风险，为了防范风险，国家、社会和个人都需要有保险意识。有钱的人可以购买商业保险，而没钱的人只能靠国家和社会的保险。如果国家和社会都靠不住，那么就会有更多的普通人不愿外出，不愿多消费，不愿休闲，不愿旅游。

为了出行的安全，我们最好给自己买份保险，特别是出外旅游，不该省的还是不能省，由旅行社组织的旅游更需要问他们有没有含保险。也可以在远行时自己购买小额的商业意外险，起码有个安全带。有钱的人可以购买需要连续交费，保额数额大的商业保险，这样，可以使自己的生命有个保障。

第八章
恋爱中的经济学

谁更容易花心？恋爱中要付出多少？如何降低恋爱风险？如何猜透恋人的心？如何充分利用恋爱时间？所有这些恋爱中需要经历的过程也都离 不开经济学。

1 再见钟情

在《红楼梦》中，贾宝玉身边围绕的全是贾府的女人，而他对这些女人根本就没有兴趣，当林黛玉来到贾府后，他发现了一个全新的、富有吸引力的女孩，于是就一见钟情。而林黛玉接触的男人更少，当她看到贾府中的贾宝玉时也一见钟情。但是，二人的爱情却受到贾府中众多因素的制约。更由于二人年轻、社会经验不足，加上存在不完全信息，即对对方的家庭及其他社会关系不太了解，这些都限制了他们的选择。也就是说，如果他们二人的接触面更广一些，那么，他们就可能找到更好的对象。因为，他们起码要考虑不能门当户对而产生的沉没成本和社会成本。

杨宗保和穆桂英、薛丁山与樊梨花都是久经沙场的人，见过的异性不知有多少，他们肯定会进行比较和鉴别。更由于见多识广，即他们对对方及其家庭的了解也更充分，因而在爱情上更加理性。这样，就避免了沉没成本和社会成本的产生。所以，他们的爱情故事取得了圆满的结局，并传颂千古。这两对佳偶都是不知见了多少异性，相互之间也不知见了多少次面，才确定了他们的恋爱关系，所以，他们不是一见钟情，而是“再见钟情”。

从上面这些大家都熟悉的爱情故事中，我们可以看出，一见钟情完全受感情支配，从而使男女陷入情网之中而不能自拔，带有许多随机性，缺乏理性，容易造成巨大的沉没成本和社会成本。而“再见钟情”则实现了爱情资源的自由配置，通过男女双方更多的自由流动，双方都会更加理性，有更多的选择机会和选择时间，这就容易优化爱情资源的配置，爱情的成功率也更高。这和市场机制中，以市场作为配置资源的基础性方式的道理是一样的。所以，自古以来，由于年轻人的爱情往往过于感性和随机，理智约束势在必行。

对于年轻人的爱情来说，需要在自身条件受到约束的情况下，找到最满意的恋人。我们每个人的偏好各不相同，并且有着不同的判断标准，可以说，他（她）面临的是一个供应量相对固定的异性，即心仪的女性（或男性）数量少，甚至只有一个，而且不一定对方就能看中他（她）。加上一些人与异性交往的范围很小，没有相互之间进行更多的对比。这样，在一般情况下做出追求的决策往往是不够理性的。甚至是一方根本就不了解对方，对方也根本不了解你，或者仅凭初步的感觉就确定自己的恋爱对象。所以，往往一时的决策谈不上是次优决策，更不是最优决策。

现代社会，男孩和女孩的流动都是比较频繁的，信息也更容易获得。在恋爱的过程中，男孩追求一个女孩成功的程度主要取决于两个因素：一个是男孩自身的综合素质，包括能力、学历、相貌、性格、金钱等；另外一个就是对方即女孩对男孩的好感程度。比如说几个男孩中，有的有金钱、有的有学历、有的有相貌，他们同时去追求一个女人，一般来说，如果这个女孩子是理性的，那么在这几个男孩中谁的综合素质最高，谁追到这个女孩的概率就可能最大。另外，如果女孩有特殊的爱好，比如她对素质最看重，那么她就可能选择那个素质高的男孩，如果她对男孩子的学历最为看中，那么她就会选择学历最高的那个男孩。

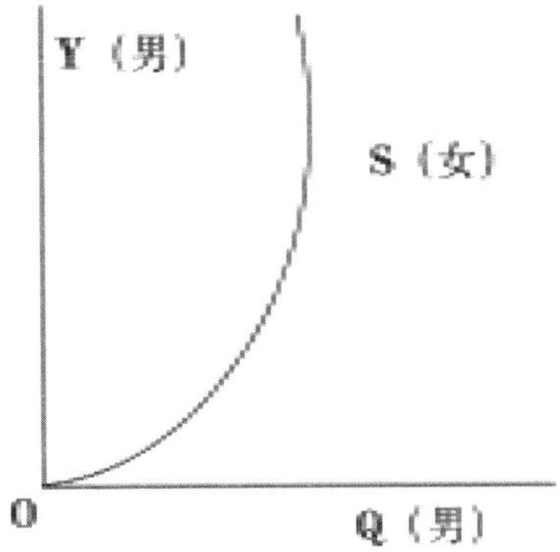

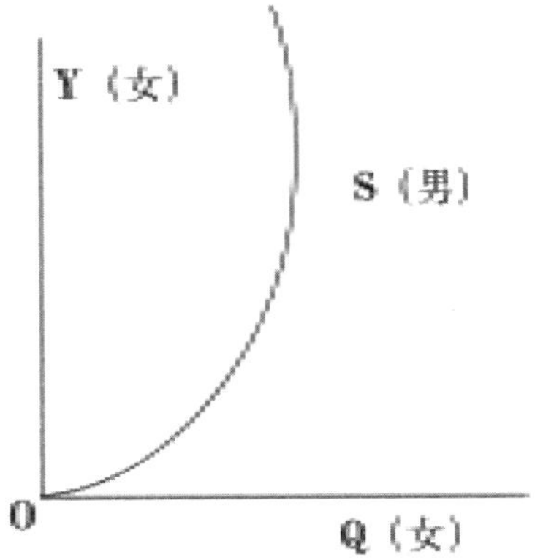

如左图所示，纵轴Y表示男女一方对对方的追求程度，横轴Q表示一方对对方的喜欢程度。S(女)是女孩的供给曲线，也是男孩的需求曲线。男孩对女孩的喜欢程度包括美貌、温柔、气质、语言，以及她对男孩的关心、体贴等付出带给男孩的一种满足感，这种满足感对男孩来说是需求，对于女孩来说是供给。同样的道理，右图中S(男)是男孩的供给曲线，也就是女孩的需求曲线。男孩对女孩更需要比较多的付出，包括关心、体贴、保护，甚至是牺牲。女孩对男孩的关心越多，女孩越漂亮，男孩对她就越喜欢。对于男孩来说，如果他的条件特别好，能力、相貌、学历、性格、金钱都具备，那么，追求他的女孩自然就多；对于女孩来说，她的相貌、学历、性格、金钱条件都好，那么追求她的男孩也就多。

下面我们将上面右边的图形，即女孩的需求曲线图逆时针旋转180度，让两个图形重合，可以得到一个图形（见下页）。在图中，男女双方的曲线重合得很紧密，即表示恋爱成功，走向婚姻。

如果其中一方或者双方都遭到家庭的反对，或者由于两个人相互之间隐瞒的一些事情被发现，这样，他们的爱情就要受到干扰。在图形上则表现为供给曲线的突然中断，而曲线突然中断就使得男女的供需曲线不能相合，如果男女的供需曲线不能合拢，则造成爱情的沉没成本，有时如果损失太大，还会造成比较大的社会成本。所以，男女的恋爱不只

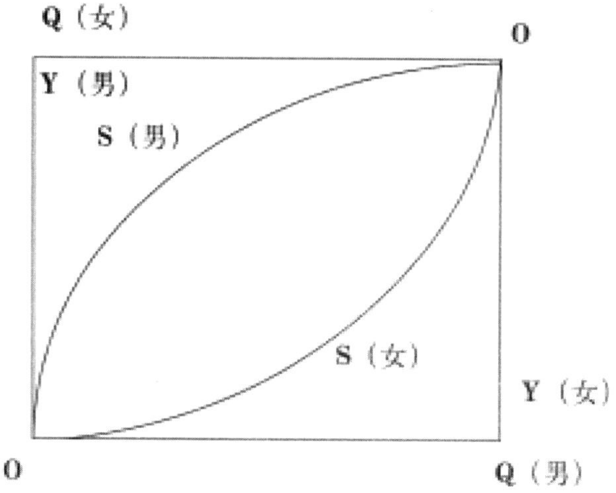

是两个人的恋爱，而是双方社会关系的整合，这种社会关系的整合不仅需要多了解对方，而且需要多了解对方的家庭，一旦准备和对方恋爱、结婚，就需要接纳对方的全部社会关系的总和。

事实上，恋爱中的男女往往会隐瞒自己的许多真实信息。比如，有的男孩子为了得到他心仪的女孩，他不管自己与她是不是适合，往往会曲意迎合女方的需求，投其所好，以博得女孩的芳心。甚至有的人谈恋爱，并不是真的想谈恋爱，而是看中了对方的美色或富裕的家庭条件，谈恋爱正是他（她）的一种手段，一旦目的达到就露出其本来面目，甚至明目张胆地将对方甩掉。而恋爱中的男女往往会受到对方"光环效应"的影响，当一方对另一方产生好感时，他或她的身上会出现积极的、美妙的、理想的光环。在这种光环的笼罩下，不仅忽略了对方心灵的、家庭的不足，甚至人为地赋予对方很多美好的品质，一好百好，俗话说："情人眼里出西施。"就是这种光环效应的结果。这种光环效应会使处于爱情中的男女产生错误的判断。

也有的男女相互之间一见钟情，陷入爱情不能自拔，甚至山盟海誓，不顾自己家庭的反对，但作为年长的父母都是过来人，他们强调的是门当户对，因为只有男女双方的家庭能够互补，相互支持，才能达到各自利益的最大化。这样，他们对自己的子女完全以感情来选择恋爱对象不能理解，甚至极力反对。儿女总是没有父母的力量强大，便产生冲突，最后以恋爱的失败结束。

所以，准备恋爱的男女应当多进行一些理性的选择，应当多了解对方的一些相关信息，不能一见钟情，而应当“再见钟情”。

经济学课堂

供给曲线

供给曲线表示在商品的每一价格水平下能够供给多少某种商品的曲线。其中，供给是指生产者在一定时期内在各种可能的价格下愿意而且能够出售的该商品的数量。影响供给的因素包括商品自身的价格、生产的成本、相关商品的价格、生产的技术水平、消费者对商品的价格预期。供给曲线一般向右上方倾斜，即价格越高，供给越多，其斜率为正。

需求曲线

需求曲线表明在其他情况不变时，消费者在一定时间内在各种可能的价格下愿意而且能够购买的该商品的数量。影响需求的因素包括商品的自身价格、消费者的收入水平、相关商品的价格、消费者的偏好、消费者对商品的价格预期。商品的需求曲线一般是一条向右下方倾斜的曲线，曲线的斜率为负。

2 恋爱中付出的不仅仅是感情

小锋和女友约好了晚上见面，下了班赶紧打车前往。见面是在那家人来人往的饭店里，他们花了一个半小时和180元钱。然后，他们逛商场，女友的收获是一件无袖短连衣裙、一双凉鞋、一瓶防晒霜和一个挂件。但她只要小锋送给她防晒霜，价值260元。

“血拼”完了要找个地方休息。放着悠扬爵士乐的酒吧两人都喜欢，来一扎啤酒，放松一下心情，腰包也一起松了一点。音乐迷人酒醉人，一不小心过了时间。第二天还得上班，又连忙打车回家。周末，请女友到他们说过好几次的一家西餐厅吃蜗牛和鹅肝，晚餐费是492元，当然好吃。但看看银行存款，形势比较“严峻”了，小锋马上意识到谈恋爱必须要像做生意一样搞成本核算，不然，一个月的工资还不够一星期见面用呢。

小锋刚刚开始谈恋爱就感觉到恋爱的成本太高，毕竟，他也是工薪阶层，有爱情还要有面包，有愉快当然也有烦恼，不过小锋付出的只是直接的显性成本。

恋爱的成本不仅包括这些构成直接货币支出的显性成本，还包括隐性成本，像恋爱过程中所产生的一些机会成本就是隐性成本。机会成本就是如果做这样的抉择而要放弃的另外一些东西，我们是否愿意为一份浪漫而甘愿放弃最爱的足球、网络游戏、赚钱、看电影、逛公园等方面的机会，这些都是恋爱的机会成本。恋爱过程中对对方的感情的付出，以及关心、体贴和心灵的煎熬等就是隐性成本，这些成本是必然会发生的，而且投入的感情越丰富，对对方的关心、体贴越多，所产生的隐性成本就越大。在谈恋爱的过程中，不管是显性成本还是隐性成本大都是一种沉没成本。

有一个女孩名叫萧儿，在一个周末的舞会上和一位名叫小林的硕士生相遇，萧儿高挑的个子、漂亮的脸蛋、修长的身材、优美的舞姿很快就把小林给迷住了，经过几次交往，他们就确定了恋爱关系。但是不久，小林就发现萧儿在和他交往时又和别的男人频繁地通过短信谈情说爱。于是，小林和萧儿分手了，后来，小林知道，萧儿与他谈恋爱只是为了利用他家庭良好的条件，希望能够在找工作上帮她的忙。再后来，小林偶然看到萧儿和另一位英俊的男孩手牵着手在漫步。原来，他只是一个萧儿利用的工具而已，这大大刺伤了他的心。

小林所付出的成本就是隐性成本，包括所受到的感情伤害，付出了过多的时间和精力，被对方利用，以及和与别的女孩谈恋爱的许多机会。像恋爱过程中所产生的一些机会成本也是隐性成本。对于家庭条件好的小林来说，金钱的付出可能是比较次要的，而被对方利用、感情伤害、损失和其他女孩谈恋爱的机会等隐性成本更大。

一个人的感情被对方欺骗，所受的心理上的打击是很大的，人的感情是十分脆弱的，特别是在家庭中受到亲人特别多爱护的年轻人，真诚待人容易赢得他人的好感，但如果自己的感情被别人利用，要缓过劲来需要很长的时间，甚至于有人会因此不愿意再接触异性。女孩子谈恋爱时付出的隐性成本可能更大些，因为女孩子的青春和美貌只能持续一定的时间，如果对方不真诚待她，她的感情被对方利用，而且谈恋爱的时间太长，持续五六年甚至七八年，最后还是恋爱失败，不仅造成感情的严重伤害，也容易造成青春的损失和大量时间的浪费，还容易错失许多与别的男孩谈恋爱的机会，所产生的隐性成本是很大的。不管是男孩还是女孩，年轻的时候找恋爱对象较容易，年龄越大，找恋爱对象越难，过多的时间被一个恋爱对象浪费，却得不到回报，所产生的损失是无法用金钱衡量的。

男女交往中沉没成本的存在有其积极的一面，也有消极的一面。正是因为沉没成本的存在，导致了一部分人不敢随便恋爱、结婚。由于和有钱的男人谈恋爱时，男人更大方些，沉没成本基本上由男人付出，所以，有的年轻漂亮的女孩会以谈恋爱为名，骗取男人的钱财。比如，有一位女孩不仅长相好，还特别能言善辩，看到哪位男孩比较有钱就和他交往，然后让对方为自己买这买那，过了一段时间，就随便找个借口和这个男孩分手。甚至同时和两三个男人谈恋爱，才 21 岁，她谈过的男朋友居然有十几个，通过谈朋友，她为自己赚取了不少物质上的东西。而她的假面具被揭穿是一次偶然的机会，她的两个男朋友在一起聊天时发现两个人的女朋友居然是同一个人。

恋爱过程中过多的沉没成本的付出很容易被人利用，有时，由于受“情人眼里出西施”等光环效应的影响，处于爱情中的男女容易头脑发热，失去判断能力，自己被他人利用了也不知道，不仅产生了巨大的沉没成本，还会产生社会成本。所以，恋爱中的男女需要理性地看待恋爱中的沉没成本，既不能太小气，又不能太大方。

经济学课堂

显性成本

显性成本又称外在成本，是指厂商会计账目上的实际货币支出，它是厂商在生产要素市场上购买或租用所需要的生产要素的实际支出。例如，某厂商雇用了一定数量的工人，从银行取得了一定数量的贷款，并租用了一定数量的土地，为此，这个厂商就要向工人支付工资，向银行支付利息，向土地出租者支付地租。这些支出便构成了该厂商产生的显性成本。

隐性成本

隐性成本是一种隐藏于企业总成本之中、游离于财务审计监督之外的成本。是由于企业或员工的行为而有意或者无意造成的具有一定隐蔽性的将来成本和转移成本，是成本的将来时态和转嫁的成本形态的总和，如管理层决策失误带来的巨额成本增加、信息和指令失真、效率低下等。相对于显性成本来说，这些成本隐蔽性大，难以避免、不易量化。

3 谁更容易花心

为什么人容易花心呢？人的本性就是追求自身利益的最大化，所以，不管是男人还是女人，从原始的欲望来说，占有的异性越多越好。

因为享受异性和消费商品有一些共同之处，存在边际效用递减，也就是说，从恋爱的角度来看，自己的恋人可能比不上网上的女孩，因为恋人对这个男人的吸引力正逐渐递减。或者，刚刚认识的时候觉得眼前的女孩十分漂亮，但随着接触的女孩越来越多，他发现还有更漂亮的女孩，以前那个女孩的优点逐渐在减弱，对这个男孩的吸引力越来越小。不同的人有不同的优点，随着接触的人越来越广泛，有的男孩往往会发现别的女孩拥有更好的优点，从而见异思迁。对于一些花心的女孩来说，也是这样的道理，即随着所接触的男孩越来越多，她发现原来与她谈恋爱的男孩的吸引力越来越小，别的男孩拥有更好的优点，对她容易产生更大的吸引力。

现代人谈恋爱时是否花心及其花心的程度，要受到经济和社会条件的制约。经济条件好、社会地位高的男孩更容易花心，因为人们谈恋爱总要付出成本，特别是物质上的成本。女孩的花心往往受到其所处社会环境的制约，在一个受传统思想影响的环境中，女孩频繁地换恋爱对象容易被人看不起，被认为是道德品格低下的人。从个人性格上说，往往个性突出、精力充沛的人更容易花心，稳重的人不太容易花心。

一般来说，花心的女人比较少。这也容易理解，人都是理性的，人们采取一项行动前都要在心里盘算值不值得。如果收益大于成本，这样才值得考虑去做；如果成本大于收益，那是无论如何都不会去做的。从我们的日常观察中可以看到，男人花心的成本比女人花心的成本要低廉，最多是花几个小钱。而女人花心在现在的世俗眼里，名声肯定是不好的；想再找对象，也很难找到与自己年龄相仿的男人，一般只能找一个比自己大得多的男人，这在心理上又是很难接受的，即其花心的成本太高。

对一些男人来讲，外面的女人很精彩，他只是想寻找一些新奇的感觉罢了，他觉得在外面寻找一碟小菜的愉悦可以弥补家中的米饭或包子的寡淡，而且这种成本并不算大。所以，谈恋爱的男女就需要分析一下对方花心的真正原因，如果是因为自己的吸引力降低了，就需要从其他方面寻找对方的需求，以增强自己对对方的吸引力。

还有一个影响男女花心的因素就是收入效应和替代效应。其意思就是指当一个男人一旦收入增加了，地位提高了，男人对女人的要求也就提高了，他的喜好会随着收入或地位的提高而发生变化。这时，他就很容易认为他面前的恋爱对象档次太低，需要寻找一个档次更高的恋爱对象。现实生活中有很多陈世美，他们在收入和地位提高以后，就把以前的恋人抛弃了，所以，当对方的优势资源增加后，就需要着力增加自己的优势资源。

大多数的女人都觉得自己比较弱小，需要有一棵大树靠靠，也就是说女人更容易产生依赖感。当有更高地位或更高收入的男人来追求她时，往往容易产生动摇，这时她要寻求更好的终身依靠。这时，也是收入效应和替代效应发生了作用。

经济学课堂

边际效用递减

边际效用递减指一件物品随着享用或得到的数量的增加，其每增加 1 单位得到的效用是递减的。例如，一个人饿了，吃第 1 个包子非常香，第 2 个很香，第 3 个还可以，第 4 个饱了，第 5 个吃不下，第 6 个看见就烦。也就是说第 6 个包子的作用为零甚至为负。边际效用递减，是经济学的公理，是整个微观经济学的支柱之一。

收入效应

收入效应指商品价格变动会引起消费者实际收入的变动，进而会导致商品需求量的变动。价格变动的收入效应是价格变动的替代效应的一种补充。

替代效应

替代效应指当一种商品的价格下降时，消费者增加对该种商品的消费；而当一种商品价格上升时，消费者减少对该种商品的消费。这是因为，在实际收入保持不变的情况下，某种商品价格的变化使得两种商品之间交换比率发生变化，引起对该商品需求的变化。

4 其实你不懂我的心

恋爱中的男女，其心灵既有相通的一面，又有不相通的一面。毕竟是两个完全不同的人，往往由于二人的家庭环境、受教育水平、世界观等的不同而存在不同的爱好或偏好，这样，就往往会产生情侣之间的博弈。也就是说，情侣之间也会互相留个心眼，互相算计。或者说话时正话反说、“硬话软说”；或者说假话，有意让对方猜不透其心思；或者嘴上在责骂情人时，而心里却喜欢其缺点，嘴上说情人的好话时，其心里却讨厌对方的某种做法，对对方的行为有所不满；或者，有时一方在装点傻，对方也知道，但就是喜欢，而如果一方过于显示其聪明，对方反而不高兴了；或者，嘴上虽然说得很好听，而心理却不是这么想；或者情人之间也有一些隐私有意不让对方知道，有其不知心的一面等。

现在，我们设想有一对情侣小明和小芳正在谈恋爱，小明是个超级球迷，喜欢看足球，国内的乙级联赛都不肯放过；小芳喜欢欣赏芭蕾、钢琴这样的高雅艺术，对斯拉夫民族的歌舞和芭蕾更是崇拜得五体投地。而恰好在同一个周末的晚上，中国足球队要在世界杯外围赛中和伊朗队进行生死之战，俄罗斯的一个著名的芭蕾舞团在该市演出芭蕾舞剧《天鹅湖》。这就产生了一个矛盾：到底是去看芭蕾还是去看足球？

在这个例子中，由于二人是热恋中的情侣，各自分开渡过这难得的周末时光是最不乐意的事情，也就是说，如果分开度过周末，两个人的满意度都会降低很多。这样一来，他们就面临着一场温情笼罩下的情侣博弈，或情侣之间的算计，见下图。

		小芳 足球	小芳 芭蕾
小明	足球	5 10	1 1
小明	芭蕾	0 0	10 15

在这里，让一方去看足球，而让另一方去看芭蕾，不可能二人都得到最大的满意度，因为他们是情侣，不能分开，一分开就会使双方都不满意。所以，在这种情况下，双方都没有严格的优势策略和严格的劣势策略。如果小明去看足球，而让小芳一个人去看芭蕾，双方的满意度都为1，若反过来则都为0；两个人一起去看足球，则小明的满意度为10，而小芳的满意度为5；两个人一起去看芭蕾，则小明的满意度为5，小芳的满意度为10。当然他们总会做出一个比较好的选择，因为他们是热恋中的情侣。在这里，双方都去看足球，或者双方都去看芭蕾，就是一种相对优势的策略的组合。这里就得出了一个“纳什均衡”的概念，是双方相对优势的策略组合，是一种合作博弈。假定，小芳这次先为小明着想，一起去看足球，那么是否意味着，小芳不喜欢芭蕾呢？不是，她只是比较聪明而已。这回她做出了让步，以后小明就得在别的方面做出更多的让步，或者是多得多的让步。否则，情侣之间的感情就会有所淡化。

我们再设想在另一个场合，这一对情侣为学习外语而算计。我们假定小芳最擅长俄语，而小明英语很好，当然，小芳也想多懂得一点英语，而小明也想多懂得一点俄语。假定刚好是周末在某大学有连续两天的英语和俄语讲座。由于他们是情侣，要一起去听讲座，这样，不仅可以增强双方的情感，还可以相互学习，小明可以向小芳学习俄语，而小芳也可以向小明学习英语。他们可以一起对话，相互帮助，相互切磋。那么他们就面临着类似上面的情侣之间的算计，即他们不可能分开单独去学英语或俄语，必须由一方让步，一起去学其中的一门外语。上回小芳做出了让步，这回，小明还会不让步吗？也许，以后他每个周末都会心甘情愿地一起去听英语讲座了。也就是说，即使是情侣，在选择合作方案的时候，由于各种因素的影响，在携手合作的前提下，还是有一些小算盘。你想这样，她想那样，这也是人之常情。毕竟合作比不合作要好。当这回我为你多考虑了以后，下回，你就得多为我考虑考虑。

当一个能力很强的女人想在各方面帮助她的男朋友的时候，如果直接去帮助他，或者当面说男朋友哪方面做得不好时，也许她的男朋友不会直接反驳她，但是，男人的自尊心却在作怪，他在心理上可能会排斥她。所以，尽管女朋友尽量帮助他，但在他的心里却越来越不是滋味。而她却认为："你怎么就不知道我很在乎你吗？我不想让你失败嘛！"但是她的男朋友也会认为："你怎么就不懂我的心呢？"当一个女人说她的男朋友傻瓜时，其实她可能心里觉得这个男朋友很可靠，我真的很喜欢他。而如果她的话伤了对方的自尊心的话，那么又是她的男朋友不理解她的心了。所以，恋爱中的男女有时好像变得更加聪明，有时又好像变得更加愚蠢。往往当其中一方的行为不能被对方理解时，她（他）心里会想："其实，你不懂我的心。"

经济学课堂

博弈论

博弈论又称对策论，在英语中，博弈是指game，意思就是游戏。它是研究具有不同利益的决策者其行为发生相互影响、相互作用时，如何决策以及这种决策的均衡问题的理论。一个博弈，就是各决策者在相互影响、相互作用中做出自己决策的行为和过程。各决策者在做出决策时，必须考虑到对自己的竞争者可能做出的反应。博弈论的基本概念包括参与者、行动、信息、对策或策略、收益、结果、均衡。

纳什均衡

纳什均衡指这样一种均衡：在这一均衡中，每个博弈参与人都确信，在给定其他参与人战略决定的情况下，他选择了最优战略以回应对手的战略。也就是说，所有人的战略都是最优的。纳什均衡是由诺贝尔经济学奖获得者纳什提出的。

静态博弈

根据参与者的先后顺序，博弈可以分为静态博弈和动态博弈。如果一个博弈中的每个参与者必须同时选择行动，或者虽非同时但后行动者并不知道先行动者采取何种具体行动，则该博弈是静态博弈。

合作博弈

博弈分为两大类型：合作博弈和非合作博弈。如果一个博弈中的参与者能够联合，达成一个具有约束力的协议，并且这种协议是可以强制实行的，则称该博弈为合作博弈。

5 恋爱的时间价值

随着市场经济的发展，随着个人之间竞争的激烈，人们越来越认识到时间就是金钱的道理。因为，时间是最为稀缺的资源之一，人们学习、工作、休息都需要时间。由于时间稀缺，所以时间就是金钱，节约时间可以创造财富，节约时间也就等于创造了财富。对于一些从事复杂工作的人来说，时间更值钱。英国沃维克大学的杨·沃克教授由此推导出一个时间的价值公式，并计算出英国男人每工作一小时的平均收入是7.2美元。一般来说，如果工作的技术含量比较低，那么其时间的价值就比较低，如果技术含量比较高，那么，其时间的价值也就比较高。就是在中国，也有很多白领阶层愿意用金钱来购买时间，比如请保姆。

不仅个人的时间有价值，就是钱也有时间价值。比如，我把钱借给另一个人，那么我就要损失我用钱的机会成本，这个机会成本就是一种价值。所以，银行贷款给企业要向企业收取利息，这个利息就是钱的时间价值，也被称为贴水。再比如，某人的票据还没有到期，但他急着要钱用，那么他到银行去贴现时也要付给银行贴水。

对于恋爱中的男女来说，时间的价值更是表现得特别明显。比如，某人要约女朋友见面，在哪个地方、什么时间，必须记得很清楚。如果他迟到了，他的女朋友也会认为她在这个人心目中的位置还不够高，心里就不免有些不愉快，若是他能够早5分钟，仅仅就是5分钟，她也会认为这个人对她很在意，心里就会舒畅很多。但是，在现在这个时间就是金钱的社会，他的时间也是有价值的，他与女朋友的约会就存在一定的机会成本。因为，如果他不与女朋友约会，他可能会与生意上的朋友一起聚会，或者要很好的同学聚会，或者他在这个时间内加班加点可以赚到不少的加班费，而这些聚会和加班就是得到财富的机会，也就是其金钱的损失。这也就是他约女朋友的机会成本，或者说很可能是他约女朋友的沉没成本。如果一个男人很在意他的女朋友的话，那么损失一些钱根本不在乎，有时，事业有成的年轻男人，为了与女朋友约会，宁愿丢掉一笔很大的生意，只不过为了早到几分钟而已，这时，这几分钟简直就是无价之宝。

谈过恋爱的人都有一种感觉，与女朋友约会的时间好像过得特别快，一个上午就像是几分钟，一晃而过；而等公共汽车的时候，就是十几分钟也好像有一个小时。这是因为，与女朋友在一起的时候心情特别好，有一种十分美妙的感觉；而在等公共汽车的时候，那种等待完全是一种心灵的煎熬。有的人甚至在几十年之后还对当年与女朋友约会时的种种情形，如女朋友的某种举动、女朋友穿的衣服、女朋友说过的话都记得清清楚楚。这说明恋爱中的男女，其时间的利用效率相当高，其时间的价值很大。为什么人们在恋爱时的时间利用效率那么高呢？这是因为恋爱中的男女，其全身细胞被高度激活，如果在平时，人们身体上的细胞只有30%在工作的话，那么在恋爱时，男女身上的细胞有90%以上处于工作状态。在这时，如果一般英国人每小时的时间价值是7.2美元的话，则处于热恋中的男女的时间价值可能是720美元，甚至更多。比如，某个男人为了与女朋友约会，损失了一桩50万美元的生意，那么，他与其女朋友约会的机会成本就是50万美元，或者说他与其女朋友约会的时间价值就是：$V = 50$万美元。因为，他与女朋友约会的良好感觉大于50万美元的损失。这真可谓是“春宵一刻值千金”。

谈过恋爱的人都知道，在恋爱的过程中，刚开始时，自己对对方的想念和依恋程度还不算大，其时间的价值也就不算高。随着交往的深入，逐渐地，这种想念和依恋程度越来越大，甚至是到了难舍难分的程度。“相见时难别亦难”，这时，其恋爱的时间价值最高。但随着时间的继续推进，双方的想念和依恋程度都会降低，于是，恋爱的时间价值也就逐渐降低。所以，恋爱的时间不是越长越好，而是有一个度，有的情侣可能一年是最好的时间。一般来说，半年到一年半内最好，超过了两年，成功的概率反而更小。这也和一方对另一方的想念和依恋程度有关系，即在一方对另一方最为想念和依恋时，也就是他们的热恋时期，最好定终身。如果过了这个时期还不走向婚姻的话，那么他们结婚的可能性反而会大大降低。这种状况可以一条曲线来形象地说明，见下图。

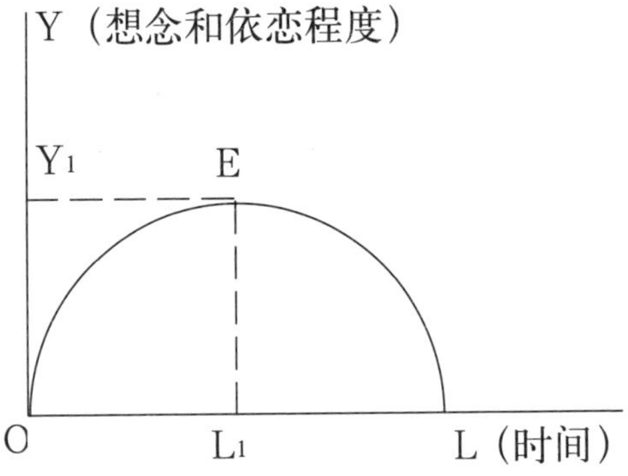

如图所示，纵轴 Y 表示一方对另一方的想念和依恋程度，或恋爱的时间价值；横轴表示谈恋爱进行的总时间。如果两人谈恋爱的最佳时间是一年（L_1），即其想念和依恋程度在一年时达到最大（Y_1）。也就是说，一年后二人恋爱的时间价值就会逐渐降低。所以，结婚的最佳点是 E 点。这正说明了“花开堪折直须折，莫待无花空折枝”的道理。因为，如果恋爱时间拖得太长，双方对对方的信息会了解太多，自身的一些缺点也可能暴露无余，原来美好的形象逐步降低。另外，还也可能双方都会把自己的恋人与他（她）所接触的别的异性进行比较，可能发现，别人有更多的优点。甚至有别的异性对某人的恋人发动进攻。总之，不可预测的可能性就会增加，恋爱成功的风险也会增加。

所以，聪明的男女深深地知道恋爱的时间价值，在爱情温度达到90℃时赶紧催促对方准备结婚，确定他们的终身大事。超过了100℃，爱情之水就可能蒸发了，一旦变成了蒸汽，就会飘走。准确地把握恋爱时间，既可避免沉没成本的产生，又可增加恋爱的成功率，还可以看出对方是否真心。如果不精于此道，恋爱的成功率就会比较低，最后吃亏的是自己。

经济学课堂

贴现率

贴现率是中央银行控制货币供应量的政策工具之一，是指中央银行向商业银行提供贷款时所收取的利率。它是贴现利息与贴现的商业票据面额之间的比率，其计算公式如下：

贴现率＝（贴现利息 ÷ 票面余额）×100%

贴现利息（日息）＝票据面额 × 日贴现率 × 未到期天数 ÷30

6 如何降低恋爱风险

这个世界是不可预知的世界，做任何事情都存在一定的风险，谈恋爱也是如此。恋爱风险包括恋爱前的预期风险、恋爱过程中的把握度风险、恋爱的进行力度风险、恋爱的外界干扰风险或社会风险、恋爱进行的时间风险和恋爱终了风险。

恋爱前的预期风险是指当一个人看到一个心仪的女孩（男孩）时，自己认为一定能够追到她（他），但是，对对方是否一定能够喜欢自己，对方的性格、爱好、家庭背景状况等因素是否适合自己没有判断准确，对自己的物质、地位、能力、家庭背景等条件是否一定能够适合对方没有判断准确，过高地估计了自己的条件，没有预见到对方或对方的家庭将对自己的追求造成难以克服的困难。越是年轻人，由于社会经验不足，对社会上的这种复杂情况越是缺乏洞见，往往容易感情用事，心血来潮，凭一时的感觉就做出判断。年轻人一般社会经验不足，可以让旁边的人参考，或向年长的人请教，有利于降低这种风险。

恋爱过程中的把握度风险是指对于“再见钟情”的把握程度不当所形成的风险。前面我们已经探讨了由于一见钟情，没有“再见钟情”，或者由于不完全信息往往容易造成爱情的沉没成本，形成恋爱的风险。但是凡事有个度，过于追求完全信息往往会适得其反。毕竟这个世界是不完美的，无论我们如何努力，信息不对称依然是个客观存在。我们可以力图求得完全信息，但是我们不可能得到完全的信息，因为在许多情况下，获得对方的私人信息的代价实在是太高。而且，各方的私人信息往往是动态的。另外，个人总会有点自己的隐私，如果连自己的隐私都被人知道了，岂不是很可怕吗？所以，追求完全信息也需要有个度，有时知道得太多，反而没有了幸福感。

如此看来，有时，在爱情市场上，不完全信息不见得是件坏事，还可能是好事。有时候，“镜里看花”反而觉得花更美，“水中望月”更有风味。“这就是爱，说也说不清楚，这就是爱，稀里又糊涂”。毕竟大多数人都有这样那样的不足，有的人会刻意隐瞒自己的真实信息，不能提供完全信息是爱情市场中人的理性行为。在商品市场，分工和交换有利于提高各自的福利水平；在爱情市场，爱情的深浅主要取决于异性的需求，包括感情的需求，这种需求不可能像商品市场那样进行最有效的资源配置。情人的私有产权比商品的私有产权更加彻底，人们可以让渡自己的商品，但绝不会让渡自己的情人。所以，牢牢抓住情人的私有产权才是恋爱的真正成功之道，而信息是否完全是次要的东西。

当然，把握情人的私有产权并不是说我们一刻也不离开自己的情人，生怕她（他）离开自己，似乎一天到晚如影随形才是真正的情人，这样不一定就能抓住情人的私有产权。为什么人们会与自己所爱的人结婚，而不是与自己兴趣相投的人结婚呢？人之所以需要异性，主要是有性的需求，其次是心理上的需求，即对方与自己在心灵上有相通之处。只要双方有性的相互需求和心灵的相通，尽管存在相互之间的利益冲突、相互算计，但爱情可以减少或抚平这种冲突和矛盾。若即若离的情人才让人牵肠挂肚，才往往让人产生美的享受。

恋爱进行的力度风险是指虽然自己与心仪的异性比较适合，只要自己认真去追求对方，一定能把对方追到手。但是，由于本人性格上比较怯弱、矜持，不敢大胆地向对方展开进攻，对方也想："既然你喜欢我，为什么不敢大胆地追求我呢？"于是，本来很适合、很容易追到手的对象却让别的、更加大胆的追求者追到手了，自己只好后悔，甚至陷入单相思之中。现实中，我们很容易发现，那些胆大并主动向异性发起进攻的男孩（女孩）往往爱情的成功率比较高，而那些比较文弱、矜持的男女往往容易在爱情市场中找不到心仪的恋爱对象，或者就是谈了恋爱也容易失败。要规避这种风险可能需要旁人打气，或从中牵线搭桥。

恋爱的社会风险是指对方的家庭和社会关系会对自己的追求构成巨大的阻力，如果自己没有足够的力量，或者恋爱的双方没有坚持到底的毅力，往往容易使爱情中途夭折。要规避这种风险还是需要"再见钟情"或准确的预期。还有一种情况就是年轻人的恋爱被别人利用了，比如他人利用女孩（男孩）的感情去干扰以前的仇人的家庭生活，达到报复的目的，或者利用别人的感情达到自己的利益，而陷入情网的年轻人往往很难从情网中拔出来，被对方的光环效应笼罩而看不到其缺点，但旁观者清。在这种情况下，年轻人应当听得进他人的逆耳之言，对旁人的话进行理性分析。

恋爱的终了风险是指恋爱失败即"失恋"后如何迅速从失恋状态中摆脱出来。由于一些人对恋爱对象的要求越来越高，即其对恋爱对象的要求是必须符合心中"白马王子"或"白雪公主"的形象。事实上，这种"白马王子"或"白雪公主"往往供给不足。更由于受生活工作节奏加快、居住地变迁等更多因素的影响，人们谈恋爱得次数越来越多，所以，失恋的人会增多。但人们对失恋的态度变得越来越理性，会从一次失恋的低沉情绪中很快地恢复过来而进入下一次恋爱。正确看待这一点，在失恋时，就不会受到太大的打击，也就是说，失恋了也没什么了不起，应该豁达、乐观地看待失恋，并找机会重新进入恋爱状态。

经济学课堂

风险

风险有两种定义：一种定义强调了风险表现为不确定性，而另一种定义则强调风险表现为损失的不确定性。若风险表现为不确定性，说明风险产生的结果可能带来损失、获利或是无损失也无获利，属于广义风险，金融风险属于此类。而风险表现为损失的不确定性，说明风险只能表现出损失，没有从风险中获利的可能性，属于狭义风险。

第九章
孩子也是个财富问题

儿童就像美丽的花朵，养孩子要消耗我们大量的金钱和机会成本，但也能带给人们用金钱买不来的快乐，同时，孩子还是一个家庭未来的希望。为什么养孩子是一桩大买卖？什么时候要小孩最具增值效应？如何以最少的成本养育一个健康、聪明伶俐的小孩？如何做完美的父母？什么样的家庭条件最有利于孩子的成长？如何实现父母与儿女的互动？为什么“慈母多败儿”？这些都蕴含经济学的道理。

1 育儿——一桩大买卖

人们为什么要养孩子呢？有人为了传宗接代，有人为了老有所养，有人为了享受天伦之乐。

不过，在现代社会，养孩子更多的是一种经济行为。地位低下的人养孩子是为了让自己的孩子将来更有出息，在经济和社会地位上超过自己，实现自己不能实现的梦想；富有的人养孩子是为了让自己的孩子继承其庞大的家产，包括房子、公司、公司股份等；一些受教育程度高的人养孩子是为了自己的事业后继有人；偏远山区的农民养孩子是为了增加一个强壮的劳动力。不管从那个角度看，都是把孩子作为未来可以增值的固定资产和递延资产，也就是一桩大买卖。

人们在做出是否养育孩子以及养育多少孩子方面的决定时，同样要遵循成本—收益分析。

与贫困家庭相比，富裕家庭的父母一般都有较好的工作、较高的薪水以及比较舒适的工作环境等，为了养育孩子，他们所付出的牺牲也就是他们要支付的机会成本无疑更高一些，因为他们的时间价值本来就更高。同时，富裕家庭更愿意并有能力在孩子的素质提高方面多花费支出，这就是说，他们生养孩子的直接成本也是很高的。而且，富裕的家庭由于本来生活水平就很高，他们的后代很难适应更低的生活水平，因此，富裕家庭的父母希望自己的孩子起码在素质上不要低于自己。这样一来，权衡利弊，比较富裕的父母，就倾向于在养育较少的孩子的同时提高这些孩子的素质。

而贫困的家庭，由于父母特别是母亲的时间价值比较低，而现代医学的发展大大降低了孩子的死亡率和残疾率，其孩子的基本生活费用比较低，从而生、养育孩子的成本比富裕家庭要低很多，甚至于其几个孩子的养育费用还远不如富裕家庭一个孩子的养育费用。而且，贫困的家庭养孩子的收益往往比较高，有些孩子在贫困的条件下更容易奋发进取，他们有从贫困的生活上升到富裕生活的强烈愿望。也就是说，贫困家庭养孩子的边际收益明显大于富裕家庭，所以，贫困的家庭往往倾向于生养较多的孩子。当然，由于我国这些年来推行计划生育政策，根据人口经济学的研究结果，人口的增长要适度才有利于经济增长。

不同的地方人们生养孩子的成本各不相同。在农村，特别是粮食丰产区，由于粮食十分充裕、廉价，孩子的衣服可以穿得相当简单，多生养一两个孩子并没有增加多少成本，而且孩子多的家庭，小的孩子可以使用大孩子原来使用过的衣服、床铺、玩具等用品，每个孩子的平均成本更低。所以，粮食丰产区的农民更倾向于生养比较多的孩子，例如，河南省、四川省等省份就是如此，这些省份人口比较多，成为人口大省，与其历史上到现在都是粮食丰产区息息相关。

农村地区更倾向于生养男孩，因为，在农村地区，男孩长大后可以成为强壮的劳动力，就等于增加了家庭未来赚取财富的机会。而生养女孩，由于其劳动能力不如男孩，其未来的生产能力比一般男孩要低，而且女孩总是要嫁出去，成为别人家的媳妇，农村的家庭都是以丈夫为主，家庭财产也主要归丈夫和将来的儿子所有，再加上传宗接代的因素，所以，一般农村家庭都倾向于生养男孩。

在上海，许多年轻的父母都希望生养女孩，因为女孩可以“穷养”，只要穿着打扮随潮流就行了，读书行不行，能力强不强不是那么重要，也不需要为女儿将来结婚准备房子，父母的经济压力比较小。而生养男孩，就需要“富养”，不仅要会读书，或者会做生意，能力也要比较强，父母在这些方面都要很操心，长大后还要为儿子娶媳妇、买房准备资金，在竞争十分激烈的经济社会，父母生养男孩的经济压力比较大。所以，一些年轻的夫妻，一知道自己生了个女儿，就兴高采烈。

其实，这种现象在不少大城市都不同程度地存在，在少数农村也有这样的现象。生个儿子，就得受良好的教育，要着力培养儿子的能力，将来才能在竞争激烈的社会站稳脚跟，才能娶上媳妇，所以，做父母的很为儿子操心。而生个女儿，只要一般就可以了，做父母的不用那么操心。

养孩子是一种升值潜力很大的投资，从一定程度上说，孩子比买期货、基金、国债什么的更有升值的潜力。

夫妻有个孩子，可以给自己的生活带来许多乐趣，这也等于减轻了父母的生活和工作压力，起到了心理作用，让做父母的活得年轻一些。当然，将孩子从婴儿拉扯到大学毕业，需要的投资也不少。

经济学课堂

计划生育

我国宪法规定："国家推行计划生育，使人口的增长同经济和社会发展计划相适应。"宪法还规定："夫妻双方有实行计划生育的义务。"概括地讲，计划生育就是在全国或整个地区范围内，对人口发展进行有计划的调节，使人口的增长同社会和经济的发展相适应。对一个家庭或一对育龄夫妇而言，则应该有计划地安排生育子女，以适应家庭与社会的要求。

人口经济学

人口经济学是介于经济学和人口学之间的一门边缘学科，或交叉学科。其研究对象是人口经济过程中人口与经济之间的相互关系，即人口经济关系。一方面考察经济对人口的制约作用，另一方面研究人口对经济的影响作用。通过这两方面的考察，揭示人口与经济之间的关系及其运动的规律性。研究内容主要包括：人口与生产、交换、分配、消费及其变化规律，人口与国民经济的综合平衡，人口与资源的关系，人口与生态平衡，人口投资与经济投资，儿童成本收益分析等。

2 什么时候要孩子

决定什么时候要孩子，一般人也是根据要什么时候要孩子成本最小或比较小而做出决定。大多数农村的年轻夫妻，由于其时间价值比较低，生养孩子的直接成本比较低廉，生养孩子的机会成本也很低，特别是，他们的父母都希望早些抱孙子、孙女，所以，大多数农村的年轻夫妻都是尽快要孩子，甚至于只要双方定亲了，还没有办结婚登记就要了孩子。

在城市，特别是大城市，年轻人工作和生活的压力都比较大，而且城市的年轻夫妻更加看重自己的生活质量，夫妻刚刚结婚时，两个人的世界可以让他们充分享受丰富多彩的感情生活，过早要孩子就容易降低他们的生活质量，这点与他们父辈的人相比是比较自私的行为，但也是社会进步的标志。所以，很多年轻夫妻一般结婚后并不急着要孩子，而是尽情享受两人世界的幸福与快乐。而且，年轻的夫妻结婚一段时间后，才能把自己家庭的经济基础打扎实，同时，夫妻俩都有充裕的时间处理好与单位领导和同事之间的关系，只有在这样的条件下，年轻夫妻要孩子的机会成本最小，要孩子才最合适。如果年轻夫妻的父母帮助照看孩子，其要孩子的机会成本更小。如果他们的父母由于年迈难以照看孩子，夫妻就需要请保姆照看孩子，这就更需要比较好的经济基础。

现在，人们的生活水平提高了，市场上各种商品应有尽有，婴儿用品也很齐全，但这些都需要金钱的支撑。所以，选择什么时候要孩子需要注意自己的经济条件。

生养孩子需要花费不少支出，在大城市，光是生个小孩就需要花费几万元支出，一个婴儿一旦生下来，需要有一个人带孩子，需要买婴儿奶粉、纸尿布、婴儿床等用品，稍大些还要买玩具等，一个小孩的支出往往相当于几个成年人的支出。

俗话说："三岁定八十。"小孩三岁以前的营养状况及孕妇和哺乳期母亲的营养状况，对孩子将来一生的体质和智力的发育奠定了基础，如果这个基础不好，等孩子长大后再补回来就比较难了，所以，奠定坚实的经济基础是要孩子的前提。

奠定坚实的经济基础也有利于为孩子提供一个良好的成长环境。如果经济基础不好，夫妻二人不得不住在狭小、脏乱、吵闹的环境中，对小孩的睡眠、呼吸都会产生许多负面影响，使小孩睡觉不踏实，容易被惊吓，呼吸受到影响，小孩的免疫系统不完善，在这种不好的环境中成长的孩子，其健康、身体素质和智力都会受到许多负面影响。

不过，也有不少年轻的夫妻，他们更关注生养孩子这项长期投资的投资效率问题，更关心未来的孩子能否聪明、漂亮，不管是女孩、男孩，只要聪明、漂亮，其未来的升值潜力就大，在城市，生养孩子需要花费十几万到几十万元的投资。

随着社会的发展，城市，尤其是大城市竞争的压力越来越大，做父母的当然希望生养孩子这种投资能够带来比较高的收益，收益越高，投资就越划算。

要生个聪明、漂亮的孩子并不是难事，只要夫妻准确把握好时间，完全可以做到。首先，要孩子的时候必须是夫妻双方同时具有极大的“性趣”的时候，“性趣”大的时候，生的孩子更聪明，所以，不能结婚许多年后要孩子，因为，结婚时间越长，夫妻之间的“性趣”会逐渐减弱。同时，也要把握夫妻双方的生理周期，在夫妻双方都是生命力最活跃的时间怀上的孩子就是最聪明、漂亮的孩子，特别是在丈夫精力旺盛、智力和反映能力最强的时候，让妻子怀孕最好。

女性怀孕年龄的选择也是怀上聪明漂亮小孩的重要条件。女性在24 ~ 34 岁之间怀孕，其新生儿的体格发育是所有年龄中最好的，其不正常生产的百分率也最低。15 ~ 19 岁的少女怀孕，容易产下先天不足的缺陷儿，女性 23 岁前生育所分娩的婴儿，其体格发育的主要指标，均比 23 岁后分娩的新生儿落后，不正常生产的百分比也增高。妇女 35 岁特别是 45 岁以后怀孕所生的孩子，流产率增加 3 倍，毒血症增加 3 倍，新生儿死亡率增加 9 倍，出生缺陷增加 8 倍，分娩超时增加 10 倍，先天愚型概率增加 10 倍。

3 家庭条件与儿女价值的关系

对于一个家庭来说，孩子就是一种固定资产或递延资产。家庭条件与儿女的价值有多大的关系呢？为什么有的富裕家庭，其孩子有些难以成才，而有些贫穷的家庭，其孩子却能够出类拔萃呢？

家庭经济条件好，可以为孩子的健康、体格、身高等创造良好的条件和基础，一般来说，城市的孩子就普遍比农村的孩子高，富裕家庭的孩子普遍比贫困家庭的孩子身体素质要好。城市家庭的孩子，由于其所处的生活环境十分多样化，看的东西多，接触的人群也多，城市还有很多供小孩玩耍的场所，有设备良好的托儿所、幼儿园，这些良好的条件让小孩从小接触到多样化的东西和色彩，对孩子的智力、反应能力、社会适应能力的形成奠定了坚实的基础。

富裕的家庭，其孩子成长的物质条件比较好，虽然体格发育好，但从小就享受惯了，也容易形成好享受、不太愿意努力学习的性格和习惯，还可能将来不那么愿意吃苦，或者吃苦受累时难以适应，这些因素可能部分影响将来孩子人力资本价值的提高。

贫困的家庭，其孩子成长的物质条件比较差，其体格发育和健康方面很可能比富裕家庭的孩子差很多，这种家庭成长的孩子可能有两个主要倾向，一部分孩子由于家庭的可用资源少，孩子多，孩子容易从小养成为争夺有限资源而打架的习惯，如果父母教育不得法，少部分可能成为将来的社会问题。另一部分孩子由于看到父母生存艰难，艰苦劳动，从小养成爱劳动、肯吃苦、愿努力的良好习惯和品格，并容易产生将来努力改善生存条件，拼搏进取的精神，这些对其人力资本价值的提高将产生积极的影响。

对于孩子的未来价值来说，教育投资是孩子成长中最多的投资，所以，教育投资的多少与好坏对孩子的未来价值起着关键的作用。

数字表明，从高中阶段起，教育费用比重就超过了饮食的费用，占据了开支榜的第一位。富裕家庭的孩子，其教育投资的资金没有什么问题，主要是投资的效率问题。如果父母认为，只要舍得花钱，就没有什么办不成的事情，什么都用钱来解决问题，那么其投资效率可能要低些。

对于贫困家庭的孩子来说，经济条件是其受教育的最大障碍。由于受到经济条件的限制，孩子上不了好学校，上不了补习班，这在一定程度上会影响其教育水平的提高，而高等教育的高额费用更是让低收入家庭头疼的问题，高等教育的收费已经成为一些家庭的负担。那些下岗、提前退休或经济条件较差的父母对子女能否接受好的教育忧心忡忡，一些家长因为难以为孩子提供较好的经济保障，而只能让子女读技校、中专。

从有关方面的调查分析中发现，在对生养孩子的各类成本进行估算和分析的过程中，由于教育成本的迅速增长，使不少家长负载沉重、焦虑顿生。一些困难的家庭，孩子不得不放弃读大学的机会。

当今社会，由于就业情况越来越紧张，竞争十分激烈。为了子女的未来，不管收入高低，大多数家庭依然对含辛茹苦的父母角色跃跃欲试、乐此不疲。他们心甘情愿地为孩子购买名牌服装、办盛大满月酒、过豪华生日，甚至不惜重金支付子女的出国费用。当然，省吃俭用、倾其所有甚至借钱举债来满足孩子需求的也不在少数。

到底怎样才能成为完美的父母呢？

我们可以举一个例子，有一个孩子A，其父母受过良好的教育，有一份十分体面的工作，孩子生活非常幸福，在学校的成绩也很好，并有数学和绘画方面的天分；另一个孩子B，出生在一个贫困的家庭，父亲进过监狱，孩子12岁就开始自食其力。人们一般认为，孩子A肯定将来很有出息，孩子B不会有多大出息。但事实情况却不一定如此。

那么，在孩子成长过程中，父母到底发挥着什么样的作用呢？

孩子的父母是一个什么样的人对孩子学习成绩和未来成长的影响十分重要，而父母为孩子做了什么并不重要。可见，为孩子的教育不惜血本，父母省吃俭用，不一定能取得预期的效果，为孩子创造良好的教育条件不一定就能成功，监督孩子学习不一定会起到好的作用。重要的影响还在于孩子的天分和父母的为人。父母的言行举止和为人处世在潜移默化地影响着孩子的心理和行为，言传不如身教。父母勤奋努力地学习、工作，为人谦虚、待人诚恳等行为，就是对孩子的良好教育，也只有在这样的家庭中，孩子更容易健康成长，孩子在未来的人力资本价值也必然高，而这与家庭是否富裕没有多大关系，或关系不大明显。

经济学课堂

固定资产

固定资产属于产品生产过程中用来改变或者影响劳动对象的劳动资料，是固定资本的实物形态。固定资产在生产过程中可以长期发挥作用，长期保持原有的实物形态，但其价值则随着企业生产经营活动而逐渐转移到产品成本中去，并构成产品价值的一个组成部分。在会计制度中，固定资产是指使用期限超过一年的房屋、建筑物、机器、机械、运输工具以及其他与生产经营有关的设备、器具和工具等。

递延资产

递延资产是指不能全部计入当年损益，应在以后年度内较长时期摊销的除固定资产和无形资产以外的其他费用支出，包括开办费、经营固定资产支出、改良支出、固定资产大修理支出，以及从建设部门转入的并在建设期内发生的不计入交付使用财产价值的生产职工培训费、样品样机购置“大修理”费。这个概念跟待摊费用其实相当接近，区别在于待摊费用是指不超过一年但大于一个月这期间分摊的费用，超过一年分摊的费用就是递延资产。

4 “慈母多败儿”的经济学分析

经济学是建立在人的欲望满足和自私假设基础之上的，人们大都是为了自己的利益最大化而选择自己的行为，这个利益最大化也就是尽可能多地满足自己的欲望。从可能性来看，人的欲望是无穷的，满足了一个欲望又会产生新的、更高的欲望，比如，某人已住了70平方米的房子，但他具备了一定的经济实力后，他又会卖掉这套房子，再买一套100平方米的房子。人类的进步和发展就是不断满足新的欲望的过程。所以，从这点来看，人的欲望是无止境的。但是，现有的物品和资源是有限的，人的欲望的满足要受到资源和物品稀缺性的限制。从个人来说，其欲望的满足要受到其有限货币数量的制约。

人在既定货币数量即既定的预算线条件下为满足其欲望就是一种需求，根据马斯洛的说法，人的需求有不同的层次，依次是：生理的需求（包括吃、穿、睡眠、性等生存本能需求），安全的需求，社交的需求，自尊的需求，自我实现即发展的需求。从前到后逐渐提高其需求水平，人只有在满足了基本的生理需求的基础上，才能产生社交、自我发展等更高层次的需求。

中国有句俗话："慈母多败儿。"这种说法只是就现象谈现象，为什么"慈母多败儿"、"慈父多恶子"呢？这其实与欲望和需求的满足息息相关，由于做父母的认为儿女是自己身上掉下的肉，儿女跌倒了自己的心比儿女还疼；再苦再穷也不要苦了孩子，尽自己的最大努力满足儿女在各方面的欲望和需求。

如下页图所示，ab 代表父母所做的预算线，也就是现有的货币收入能够用于消费的数量，我们假定是一个月 500 元钱；横轴代表用这些钱能够购买的食品的数量，纵轴表示用这些钱能够购买的衣服的数量；消费无差异曲线 AB 代表在 500 元钱的条件下所达到的孩子欲望的满足水平，也就是其购买东西所享受到的水平。但是，在这里需要注意的是：预算线是父母的预算线，而消费者是孩子，也就是说，在这里，支出的责任人是父母，而满足欲望这种权力的人是孩子，权责不是同一个人，也就是权力和责任不对称。

我们假定孩子是个自私的人，他在有条件的情况下，会最大限度地满足自己的欲望。那么，一旦孩子知道自己的父母有这种能力满足自己更大的欲望，他会遵循利益最大化的选择，说自己的同学穿得比他好，在学校没有面子，或者想多吃几回麦当劳。由于他知道父母疼爱自己，他会想尽办法求自己的父母满足他更高的欲望。

由于存在权责不对称，他并不知道父母辛辛苦苦赚钱的艰辛，而是

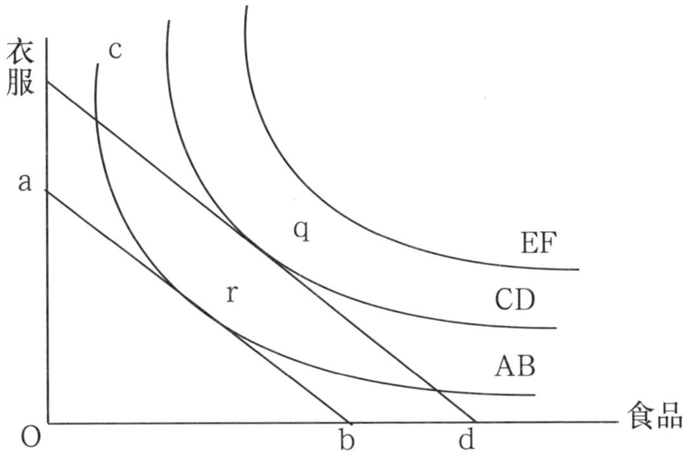

自私地满足自己的更高欲望。而他的父母十分疼爱自己的孩子，虽然赚钱的辛苦自己知道，但当孩子提出更高的消费要求时，父母还是可能会满足孩子的要求。这样，父母又把孩子的预算线提高，即增加孩子每个月的零花钱到 700 元的水平，这时，孩子的预算线是 cd 线，孩子的满足程度即其消费无差异曲线上升到 CD 的水平。

当一个人没有经过任何付出就可以得到更高的满足程度时，其欲望的提高会很迅速，小孩只要说说自己需要多花钱的原因，父母即使不是那么情愿也会很快满足孩子的要求，只要孩子形成了这样的习惯和心理，要想改变就比较难了。

有的时候，即使让父母借钱，孩子也要满足自己更高的欲望，因为他的权力和责任是不对称的。我们假定这个孩子出于自身利益最大化的考虑，不断寻找借口向其父母要钱花，他的消费无差异曲线还要继续往上升，向 EF 甚至更高的水平移动。

上面我们谈到，人的需求除了基本的生理需求外，还包括更高层次的社交需求、自尊需求和自我实现需求，孩子在满足了低层次的需求后，就会有更多更高层次的需求，在这些方面，如果父母一味地满足孩子的欲望，孩子就会只知道享受，不知道其享受的权力必须与相应责任对称。

要是孩子从小就不知道或不愿意做到他需要得到什么，就要付出点什么，那么，孩子在将来的学习、工作、交友等方面都会十分自私。因为，人本来就是自私的，只是因为社会的资源有限、经济物品有限，人们才不得不通过自己的劳动获得其更多的生活物品，所以，劳动创造了人类本身，也创造了人类社会。如果一个孩子从小就养成只知道享受，不知道要多享受，就必须先多付出，多劳动，要通过自己的劳动增加其享受才是幸福，那么这种孩子长大后，很容易养成只会花钱，不会赚钱的品格，很多败家子就是这样养成的。

有一个故事，有一个男人是养蜜蜂的，妻子给他生了个儿子后没几年就去世了，儿子跟着父亲过日子，这男人由于养蜜蜂很有经验，把自己的家业越做越大，生活十分富裕，儿子被他视为心肝宝贝，疼爱有加，但这个男人只是让孩子吃喝玩乐。后来，这个男人死去，儿子继承了他丰厚的蜜蜂园遗产，蜜蜂越来越少，不久就全跑光了，他只好花费父亲留下的金钱，后来钱也用光了，他又变卖父亲留下的房子和其他家当，最后，他竟然成了一个乞丐。

5 父母与儿女的互动

前面我们谈到，那些受过良好的教育、事业比较成功、身心十分健康、为人诚恳、受人称赞的父母，其孩子的学习成绩和未来发展都会向着良好的方向发展。那么，要做孩子的完美父母也就需要在这些方面努力。

做父母的自己就得努力学习、工作，为自己的家庭在社会上的经济地位不断提高而奋斗，经常看书，或尽自己最大的努力取得事业和家庭的成功，或为人处世受人称赞，这些努力本身就是对孩子的最好教育。

做父母的没有必要用金钱来激励孩子好好学习，也没有必要不许孩子看电视，强迫孩子多看书，或者为了孩子能上个好学校找关系、花钱、搬到好的社区居住，或者用打骂的方法督促孩子上进、学习。父母完全可以把自己与孩子放在同等的地位，和孩子互动。

现在，我们假定父母年初与孩子约定：父母今年要比上一年多赚

5000 元钱，并拿出一部分钱来为孩子买学习用品，孩子今年的学习成绩要全部达到 90 分以上，没有达到目标的人是小狗，达到了目标的人是雄鹰，当然谁都不愿当小狗，而愿意成为雄鹰，而且，孩子和父母可以相互监督。这样，父母与孩子就展开了一场争做雄鹰的竞赛，见下图。

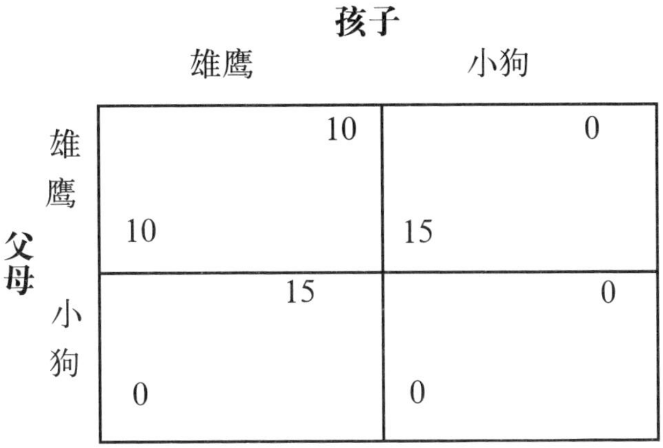

如图所示：如果父母达到了目标，年收入比上一年多 5000 元钱，孩子也达到了目标，每门功课都 90 分以上，则孩子和父母各得 10；如果父母达到了目标，但孩子没有达到目标，则孩子得 0，父母得 15；如果父母没有达到目标，孩子达到了目标，则父母得 0，孩子得 15；父母和孩子都没有达到目标，二者均得 0。

在这里，最好的纳什均衡是双方都达到目标，双方都得 10。由于双方是在进行争当雄鹰、不做小狗的竞赛，所以，一方达到目标，另一方没有达到目标，达到目标这方属于胜利者。父母与孩子在进行这样的游戏竞赛的过程中，就在潜移默化地教导孩子要勇于竞争，善于竞争，培养孩子的竞争意识和合作意识，培养孩子的进取精神，让孩子把学习当成是自己的事情，同时父母也在用自己的实际行动引导孩子的行为。这种身教比父母的金钱激励和语言教育要强得多。

受过良好教育的父母都知道，书籍是人的精神食粮，为了跟上时代的发展，与时俱进，增强父母自己在社会上的竞争力，父母可以多买一些有益的书籍，也应当多买一些适合孩子阅读的小人书、科普书籍、连环画册、其他课外阅读资料等书籍。同时父母自己需要在家里多花些时间看书，为孩子作个好榜样，当然也可在适当的时候引导孩子看书。应对孩子多鼓励，而不是多说教。看到孩子在看书，父母可创造一些有利的条件。现在我们假定，父母自己在家里经常看书，在父母的带动下，孩子也喜欢看书。

		孩子	
		看书	玩耍
父母	看书	20 10	5 0
	娱乐	10 5	5 5

如图所示：父母在家里经常看书，如果带动孩子也经常看书，那么父母得 10，孩子得 20；如果父母看书，孩子却玩耍，则父母得 0，孩子得 5；如果父母娱乐，孩子看书，则父母得 5，孩子得 10；如果父母娱乐，孩子玩耍，大家都得 5。

从这里，可以看出，最好的纳什均衡是父母看书，带动孩子也看书，而父母娱乐，孩子玩耍，双方都得 5，虽然也是个纳什均衡，但这个均衡水平很低。一些孩子更愿意看书的，只要父母不去干涉，并为孩子看书创造一些有利条件，孩子也能健康成长。而父母自己看书就是对孩子最好的教育。身教胜于言传，做父母的不仅在看书方面要以身作则，在家务劳动、文明礼貌、待人诚恳、吃苦耐劳等方面也需要用自己的良好榜样来引导孩子的健康成长。

孩子的心理和大人的心理有很大的差别，作为父母不能用大人的眼光和心理来判断孩子的言行，而应当站在孩子的角度思考，只有这样，才能实现父母与孩子的良好互动，否则，只会引起孩子的逆反心理。

比如，当自己的孩子向他（她）的小伙伴们吹牛说自己家里有多少台电视机、有多么宽敞的房子、有多么漂亮的家具时，有的父母见到自己的孩子吹牛撒谎，就认为是孩子的不对，撒谎就等于是小偷。其实，父母只是看到了表象，孩子吹牛只是一种想象，或无知，或游戏，或为了吸引小伙伴的注意力，不值得大惊小怪。作为父母，需要了解一些儿童心理发展的规律，从孩子的心理感受出发，引导孩子健康成长，而不是动不动就教训、责骂孩子。教育方法不当，只会适得其反。

现在，有的孩子总是以自我为中心，甚至于爱捣乱、骂人而被小伙伴们孤立起来。这其实是由于父母对孩子的成长环境太过于保护，由于父母对孩子关怀备至，饭来张口，衣来伸手，使孩子对父母产生了强烈的依赖性，甚至于有的孩子长期把自己关在家里看书或看电视，对周围的事物漠然置之。

如果自己的孩子这样的话，父母应当让孩子多跟其他孩子交往，遇到孩子们争吵、哭闹的事让孩子们自己去处理，这其实等于在锻炼孩子的生存能力。

6 把孩子培养成才

生养一个孩子需要花费从几万元到几十万元不等，不管对于贫困还是富裕的家庭来说，都是一项数额比较大的投资。

既然是一项数额巨大的投资，那么投资人还是希望这种投资能够有比较高的回报，虽然有很多父母愿意尽可能满足孩子的欲望和需求，对投资的回报并不苛求。但是，有哪个父母的内心不希望这种投资的回报率更高些呢？

提高对养孩子的投资回报率，其源泉又有哪些呢？对孩子的投资也是一种人力资本的投资，一个人的人力资本价值高低，取决于蕴含在自身内的智慧、知识、技能、体力（健康状况）等价值的总和。

人力资本本身比赚取更多的钱更重要，其内容也丰富得多，它不但能提高孩子的赚钱能力、智慧、理性、对文化艺术的鉴赏力，还可以使孩子更能享受未来生活的成果，人力资本之所以如此重要，就是因为高水平的人力资本可以显著地提高其未来的劳动生产率。

对于父母来说，要提高孩子未来的人力资本价值，必须在孩子的体力、健康、智慧、知识、技能等方面全面提高孩子的价值，为孩子未来的发展打下坚实的基础。

孩子的智慧、知识、技能方面的培养包括孩子的阅读能力、反应能力、形象思维能力、逻辑思维能力、分析能力、语言能力、交际能力、写作能力、心理调适能力、动手能力、意志力、自我控制能力、责任感和使命感等。要培养孩子这些方面的能力，需要创造良好的成长环境，在家庭创造一个欢快、活泼、恬静的环境，让孩子在愉快的玩乐中，在与父母的互动中，学习、成长，锻炼其各种思维能力。为孩子准备小书桌、小书柜、大量的书籍、玩具柜、科技百宝箱、地球仪、科学实验器具等，以锻炼孩子的阅读能力、写作能力、思维能力、动手能力等。

做父母的要善于发现自己孩子的潜能和智能类型，从孩子的智能类型中找到其潜能开发的突破点。孩子所具备的智能类型各不相同，当家长吹毛求疵、要求孩子完美时，也许孩子正发挥着其某一方面的潜能，只是家长不知道而已。

有的孩子心灵手巧，通过复杂的动手操作，可以完成一些拼图、做模型等事情，并体验到其成功的乐趣，但这种孩子只会做，却说不出道理来。这是孩子的一种潜能，属于动手类型的孩子，父母可以鼓励孩子充分发挥这种潜能。如果从小就能开发孩子的这种潜能，将来很容易成为工程师和设计师。

有的孩子从小就十分健谈，光说不做，是典型的语言型智能孩子，这也是孩子最值得开发的潜能，应尽早开发。有的孩子具有很高的观察判断能力，往往能够根据别人的行为推测其心理及其原因，并能做出正确的理解和判断，这种孩子是社会经济工作及管理工作的潜在天才，在这些方面具有巨大的发展潜力。

父母不能按自己的思路和意图，要求孩子学这学那，什么都要会。应当根据自己孩子的特点，根据孩子的智能类型，着力开发其优势潜能。孩子的优势潜能具有最大的开发潜力，也是孩子未来人力资本的优势之所在，孩子只有尽早开发其优势，才能使这种潜力和优势成为其未来的稀缺性资源，而孩子一旦掌握了这种稀缺性资源，其未来的人力资本价值就会很高，从而成为未来的财富之源。

找到了孩子的潜能之后，还需要从小培养孩子的良好习惯，有关研究表明，孩子的习惯形成的最好时期是 2 ～ 6 岁左右。培养良好的习惯包括培养良好的生活习惯，即在孩子的饮食、起居、卫生等方面定时、定量、卫生、清洁，形成孩子的生物钟，让孩子从小习惯于有规律的生活，这不仅有利于孩子的生长发育，而且对孩子适应社会有很大的帮助。

等孩子比较大些，能够劳动后，应当从收拾碗筷、整理床铺、倒垃圾等方面锻炼孩子热爱劳动的习惯，在城市，可以让孩子参加学校组织的到农村进行锻炼的“夏令营”等活动。父母需要以自己的榜样教育孩子养成处处讲礼貌的习惯。

等孩子上小学以后，又需要养成孩子按时完成作业、阅读等学习习惯。要培养孩子的良好习惯必须注意保护孩子的好奇心，从孩子爱提问题引导孩子善于思考的良好习惯，如果孩子提出的问题，做父母的需要尽自己的能力回答，自己回答不出，可以查阅资料，或向别人请教，千万不能说孩子提出的问题没有什么道理，或者说孩子是胡思乱想。如果让孩子从小养成善于思考、善于提问的习惯，就容易形成孩子杰出的创造能力。

孩子没有判断能力，家长需要正确引导孩子，让孩子看到坏习惯的害处。按照美国科学家的研究，良好习惯的养成只需要 21 天，最关键是前 3 天。“习惯像一根缆绳，每天缠上一股新索，要不了多久，它就牢不可破”。习惯成就性格，性格决定命运，良好的习惯是孩子的人力资本基础，随着孩子的成长，这种资本会不断增值。

经济学课堂

多元智能理论

多元智能理论是美国哈佛大学霍华德·加德纳教授提出的。1983 年，加德纳在其专著《智力结构：多元智能理论》中突破传统智力理论的束缚，首次提出人类有着完整的智能“光谱”。加德纳明确提出人类存在多种不同的思维方式，并将人类的智能划分为言语—语言智能、逻辑—数理智能、自知—自省智能、交往—交流智能、视觉—空间智能、音乐—节奏智能、身体—动觉智能、自然智能等类型。他所关注的问题是：“你的智能类型是什么？”进一步说，每个孩子都是潜在的天才儿童，只是经常表现为不同形式。

第十章
家庭中的经济学

当好家庭财政部长不仅需要良好的个人修养，还要善于生财、聚财和理财，理性地花钱，制定好家庭财政的规章制度，把钱用在刀刃上，增加每一元钱的边际效用。如何合理安排好家务？保姆的劳动价值如何算？为何要尽早为孩子的学费作准备？人民币升值条件下如何理财？我们将以经济学的思维探讨这些问题。

1 谁当家庭财政部长好

俗话说：“不当家不知柴米贵。”一家人吃喝撒拉都需要开支，家庭日常生活的一些零零碎碎的家庭财务支出看起来不起眼，但日积月累，其数目并不小，怎样开支更科学、经济，怎样把日常生活的钱用得合理，都不是一件简单的事情。

随着收入的持续提高，当家理财的内涵也在不断扩大。以前，成为一名好当家人的标准就是看他或她对支出的掌控能力。而现在，温饱已经不再是家庭的头等大事，对当家人的要求更高了，能不能让家庭的资产保值增值，成了衡量一名当家人是否合格的重要标准。

家庭财政大权谁来执掌？是男人做主，还是女人做主？这是个老问题，也是新问题。很多年轻的朋友在谈恋爱的时候都很忌讳谈钱，觉得一谈钱就流于俗气。但在接受了众人的祝福，组建了小家庭，展开了另一段人生旅程之后，夫妻俩会发现，新的挑战也旋即展开。如何处理夫妻之间关于“钱”的关系是一项非常普遍的矛盾来源和争执重点。

家里的钱归谁管？重开源还是重节流？要不要买新房？生不生小孩？生完孩子以后如何积攒教育资金？如果有住房贷款、汽车贷款？这些问题该如何解决？两个人来自不同的家庭，有着完全不同的家庭背景、成长环境和消费习惯，往往容易在经济问题上产生一些分歧。

自古以来，“贫贱夫妻百事哀”，财务上的不健全或对用钱的看法不一，就像一颗不定时的炸弹，随时有可能彻底破坏双方的关系，而苦尽甘来，一朝荣华富贵后劳燕分飞的故事也时有所闻。所以，婚姻关系中必须处理好家庭经济问题，早一点在对待“钱”的态度上达成共识，总比稀里糊涂地为了钱而争执甚至分手来得好。确定好谁来当家，成熟理性地面对双方的财务状况，夫妻俩同心协力一起去应对人生当中的变量，才能实现更为和谐幸福的家庭生活。

不过，随着物质生活水平的提高，“当家理财”的含义已经悄悄发生了变化。在早些年物质较为贫乏的年代，如何节流是每个“当家人”最需要费心的事。开门七件事，柴米油盐酱醋茶，样样都需要开销，每个月的工资收入就几十元、几百元，有些生活用品还需要凭票购买，一家人如何省吃俭用度过每个月，是当家人最头疼的问题。每一餐用几斤面粉，使用几两瘦肉票，是20世纪70年代当家人的主要功课。而从90年代中期起，随着市民收入的快速增长，每家每户日常的生活开支已经基本不用发愁，每个月能节余上千元、数千元甚至上万元的家庭也越来越多。如今，丈夫要去买个数码产品，妻子要去做个美容，基本已经不需要“报批再审核通过”，“房子、汽车和保险”成了“家庭新三大件”。

当家，这个数千年前已经有的名词，已经悄然从简单的记流水账把握家庭开支，慢慢演变为内涵更加丰富的“如何理财，如何投资，如何让家庭资产保值增值”。时至今日，当家的含义有了变化，对善于当家的“好手”要求，也逐渐有了变化。从传统上来看，女性当家的比例较高，因为国人都认为女性心思细腻，而且仿佛天生有一种“量入为出”的本领，通常善于安排家用。男主外，女主内的家庭管理模式长期成为一种主流。但是，女性优柔寡断的天性，却让她们在家庭大的投资决断中有时显得力不从心，容易错失一些投资机会。

随着国内市场的逐渐放开，债券、股票、基金、外汇理财、黄金、收藏等投资品种、理财手段出现了前所未有的丰富多样性，这对于“当家人”的投资理财能力有了更高的要求。于是乎，大量男性也纷纷开始接过“当家”这根接力棒，越来越多的男性开始掌管家庭理财大权。他们可能对宏观经济更加容易把握，对经济、金融知识更善于研究和容易接受，在投资理财上他们往往站得更高、看得更远。当然，也有“男女搭配、干活不累”的夫妻理财搭档者，还有不少年轻家庭开始实行比较西式的“AA制”的家庭理财模式，他们更为看重个人的独立性。AA制比较公平，合理，但是也有一些弊端，两个人分的太清楚了，不愿为对方付出太多。

无论采用何种模式，无论是男人还是女人当家，还是一起当家做主，在规划好家庭的消费、管理好家庭的负债之后（这两项毕竟还是家庭理财的基础），大家都希望在现代当家生活的重头戏——投资理财方面能有更多收获。

经济学课堂

家庭财务

家庭财务就是有关家庭收支的计算，包括工资收入、其他收入、日常开支和大项开支，家庭财务需要进行合理控制，使其健康发展。

例如，如果房子的每月还款金额超过了30%，很容易出现问题。为了应付不测和失业等威胁，需要你有一定的储蓄，孩子的教育经费需要提前准备，还要准备养老金，还需要购买一定的大病医疗保险。人生有不同的财务目标，根据不同的财务目标选择了合理的金融工具，让自己的财务非常健康，那么，无论出现什么问题，都能够很好应对。

2 家庭财政作用大

良好的家庭财政，对婚姻家庭具有画龙点睛的功效，可以让夫妻生活更加美满，让家庭成员的关系更加融洽。国家有国家财政，地方有地方财政，而家庭也少不了家庭财政。各个家庭具体情况不一，不同的家庭自有不同的理财办法。家庭财政也必须升华到理性层面，才有利于落实家庭责任制，才有利于调节夫妻感情，保持家庭和睦，使事业更好地发展。

那么，到底家庭财政对家庭生活和经济有哪些作用呢？家庭财政也就是家庭的公共收入和公共支出问题，家庭公共收入就是家庭有收入来源的成员上交的所有收入，家庭公共支出就是为所有家庭成员支出的费用。在家庭中，孩子是纯消费者，也是家庭的未来财富，孩子的消费支出和教育支出也是公共支出；家庭中，照看老人及老人看病的支出也是公共支出；家庭中，购买耐用消费品的支出即固定资产支出也是家庭的公共支出，还包括房子、汽车等需要分期付款的支出。这些家庭的固定资产支出何时支出更合理，采取什么样的付款方式更加科学，都是家庭理财中值得研究、深思的问题，也需要家庭成员协作和分工的科学化。

开门七件事，柴米油盐酱醋茶，样样都需要开销，日常生活的开销如何规划，如何合理搭配，如何节流，都是家庭财政最基础的问题。为维持日常的基本开销占家庭消费支出的比例反应了一个国家或地区的经济发展水平，可以通过恩格尔系数和恩格尔定律来说明。家务劳动是家庭日常生活中的主要支出，是家庭成员自己承担家务劳动，还是购买家务劳动，需要对家庭收入情况和家庭成员的时间价值合理规划、筹备。夫妻俩收入都很高，或其中一方收入高，时间价值比较高，那么用自己的劳动从事家务劳动就没有配置好家庭的经济资源，不如请保姆从事家务劳动划算；如果家庭成员有一个或两个人的时间价值比较低，那么时间价值比较低的人从事家务劳动就是很好的家庭资源配置。所以，家庭财政还包括如何经济有效地配置家庭资源问题。

财政不仅需要善于理财，还包括如何生财和聚财的问题。“问渠那得清如许，为有源头活水来”，家庭财政中，聚财和生财是提高家庭成员生活水平和满意度的主要手段，源头活了，财源茂盛，广开财路，家庭成员的可支配收入增加了，其生活水平和满意度也就能够不断提高。所以，家庭财政也需要积累资金，将这些家庭积累资金进行投资，包括投资购买债券、股票、基金、外汇理财、黄金、收藏等多种投资品种，家庭投资如何分散风险，如何合理搭配投资品种，实现最佳的投资收益，把投资风险降到最低，这些都是家庭财政需要准确把握的问题。

所以，家庭财政不仅是家庭财务管理的问题，更多的是如何有效地配置家庭资源，包括如何配置家庭物质资源、资金资源、人力资源、信息资源、关系资源，实现家庭资源的整合效应和规模效应，以不断做大家庭财政这块“蛋糕”。同时，按照长期、中期、短期合理搭配的原则，合理规划家庭重大开支和日常生活开支，既开源又节流，把家庭收入用在刀刃上，发挥家庭资金的最大效益。这样，才能发展家庭经济，增加家庭财政收入，提高家庭成员的生活水平和满意度。家庭是个温馨的港湾，更是一个利益共同体，大家同舟共济，分工协作，制定科学、合理的家庭财政制度，充分发挥每个家庭成员的资源优势，实现家庭的共同富裕。那么，家庭财政就不仅起到了画龙点睛的效果，还起到了融合家庭关系，增进家庭成员感情的效果。

遗憾的是，在现实生活中，家庭财政往往没有引起人们的重视，要么“家长”当家，“成员”全额上交，想怎么支出就怎么支出，年终清算，通报一个数字就是了；要么无人当家，钱放在一个抽屉里，想用即用，用完为止，家庭没有一个良好的财政经济规划，吃光用光，没钱用时，为了家庭经济问题争吵不已，家庭成员互相较劲，不仅家庭资源不能得到有效配置，家庭的不同资源还相互抵触。可见，家庭财政对于社会的细胞——家庭起到了至关重要的稳定和提高作用。

家庭财政必须建立在良好的个人修养基础上。家虽是讲理的地方，但更是一个互相关爱的场所。提倡家庭之爱，既是个人修养，也是家庭财政是否成功的关键。家庭成员除了必须热爱家，必须有奉献精神，除了互相关怀外，还需要知道如何更好地操作。举个例子，过大年给孩子压岁钱，聪明的妈妈若把给孩子的100元压岁钱交给婆婆去给，婆婆会乐得逢人便说“我家媳妇懂事、孝道”，婆婆再加100元压岁钱给小孙子，小孙子会连声恭贺“奶奶健康长寿”。压岁钱经这么一转，沟通了三代人的情感。家庭财政何尝不需要这样互相理解、关爱呢？

经济学课堂

恩格尔系数

恩格尔系数用来表示居民家庭食物的支出在总支出所占的比例，它是以19世纪德国统计学家恩斯特·恩格尔的名字命名的。其计算公式是：恩格尔系数＝食物支出的总额／总支出的金额。

恩格尔定律

根据统计资料，对消费结构的变化提出的一种观点。其内容如下：一个家庭的食物支出在总支出中的比例是与该家庭的总收入变化成反比例的。即一个家庭的收入越少，家庭收入中或家庭支出中用来购买食物的支出所占的比例就越大；随着家庭收入的增加，家庭收入中或家庭支出中用来购买食物的支出将会下降。恩格尔定律已被许多经济学家所证实。

3 家务经济与时间价值

家庭日常经济生活还包括家务劳动和家务经济。家务劳动只是洗衣做饭，照看孩子、老人等家庭琐事的打理和劳动；家务经济除了家务劳动外还包括家庭生产和经营活动。在农村，许多农民都自己种蔬菜，甚至挖个鱼塘养鱼；有的利用业余时间养蜜蜂；有的家庭其房屋周围的空地和院落比较大，还可以种些果树；过去，多数农村家庭都养鸡、鸭、鹅、羊、牛、猪、兔子等，现在有的农村家庭还养甲鱼、花；有的农民还会就地取材，制作一些桌椅板凳之类的东西到市场上去出售；还有的家庭在旱地种茶叶树，自家用手工做茶叶，除了自己用的外，剩余的可以出售等。这些，都是农村家庭生产经营活动。

在城市家庭，有条件的家庭可以养花、金鱼、盆景；有的家庭成员中，父母或老人掌握了一些工艺品制作技术，可以在空余时间制作一些工艺品出售赚钱；有的父母或老人在绘画、书法等方面有很高的才能，可以在空余时间或退休后卖画和书法；有的家庭成员对炒股十分有经验，炒股也是获取家庭额外收入的重要来源；还有的善于炒外汇、黄金、期货等，不时给家庭带来额外的收入来源；更多的是买国债、基金等。这些都是城市家庭的生产经营活动，是家庭额外的生财之道，可以广开家庭财路，增加家庭的可支配收入，做大家庭经济这块“蛋糕”，提高家庭成员的生活水平和满意度，还可以在家庭成员的分工合作过程中，增进家庭成员的感情。

在许多国家，有相当一部分家务经济所创造的收入都没有计入GDP，有的国家将这部分没有计入GDP的家务经济活动称为灰色经济，当然，更多的地下经济是当事人为了逃避国家税收而从事的违规经营，还有小部分是违法的经济活动，它们也是家庭经济收入的来源。

在家庭中，最普遍的家务经济活动就是家务劳动。家务劳动包括日常的洗衣、做饭、居室的清洁打扫、家庭成员物品的整理、照看小孩、照看老人、照看病人、招待客人等。家务劳动是一般的简单劳动，有少数是复杂劳动，家务劳动看起来不太起眼，但十分费时间，有的劳动强度还比较大，家务劳动虽然没有创造直接的经济收入，但可以减少家庭经济支出，降低家庭成员的生活成本。对于一个家庭成员多、人口比较多的家庭，家务劳动是十分繁忙的劳动，有的家庭妇女，特别是农村的家庭妇女，一天到晚忙个不停，但家里的事情好像永远也做不完。

那么，在一个家庭中，如何合理安排家务劳动和其他家庭经济活动，如何合理安排家庭成员的学习、工作时间和家务劳动时间呢？科学、合理地配置家庭资源，需要分析家庭成员的资源稀缺性和家庭成员的劳动时间价值。对于从事不太复杂的工作、收入比较低的家庭成员来说，其劳动价值比较低，如果自己也热爱劳动，那么，购买家务劳动就不如自己从事家务劳动经济实惠些。对于夫妻都是从事复杂劳动，需要在家里加强学习，其收入比较高，朋友比较多，交际面广的人，其劳动价值比较大，花费过多的时间从事家务劳动和其他家庭经济活动不太划算，就不如购买家务劳动。对于一些从事炒股、炒外汇、炒期货、集邮、收藏、绘画、书法等家庭经济活动价值比较大的人，其时间价值也比较大，用比较大价值的时间来从事家务劳动也得不偿失。所以，对于劳动价值比较大的家庭成员，购买家务劳动是成本比较小而收益比较大的理性选择。

现在，我们假定有一对夫妻，丈夫在外企工作，月收入 8000 元，妻子在事业单位工作，月收入 3000 元，夫妻二人的月收入共 11000 元，夫妻有个孩子 10 岁，丈夫有位老母亲 70 岁，妻子父母都健康，但收入比较低。那么，我们可以计算一下夫妻二人的时间价值，丈夫月收入 8000 元，每月工作 20 天，每天 8 小时，每月共工作 160 小时，其每小时的价值是 50 元；妻子月收入 3000 元，工作时间与丈夫相同，每小时的时间价值是 17.5 元。如果丈夫的母亲与夫妻一起生活，其小孩也需要照看，那么夫妻请个保姆显然是十分划算的。我们假定这对夫妻支付给保姆的月工资是 720 元，每天工作 8 小时，每月工作 240 小时，则保姆的时间价值是每小时才 3 元，加上在主人家吃住的开支算每天 12 元，保姆的时间价值大概是每小时 4.5 元。如果让妻子的父母过来照看夫妻的家庭，给夫妻做家务劳动，肯定在某种程度上会损失妻子父母的幸福感。由于夫妻二人的时间价值远远高出保姆的时间价值，夫妻俩完全可以出更高的工资请个更好的保姆，比如保姆的工资是1200元，吃住同前例，保姆每小时的时间价值才6.5元，依然大大低于这对夫妻各自的时间价值。这样，好的保姆可以照看夫妻俩的父母三个人，还可照看小孩，可以为这个家庭做许多家务劳动。那么，夫妻二人的父母和小孩都可以享受更高质量的生活。事实上，三个老人在一起，完全可以在某些方面帮助保姆照看好这个家庭，其整个家庭的生活水平和满意度都得到了很大的提高。而夫妻俩也可以更专心于自己的工作，把工作做得更好。

对于一些善于从事炒股、炒期货、集邮、收藏、买卖外汇的夫妻，或具有艺术天赋，可以在业余时间从事绘画、书法、艺术品、工艺品等工作，并能赚取一定高收入的人，或者其中一个人具有这些方面的才能的家庭，其时间价值也远远高于保姆的时间价值，请个保姆从事家务劳动就实现了家庭资源的有效配置，能够提高整个家庭的经济收入，使生活过得更好，家庭成员的满意度也得到了提高。一般来说，现在的城市尤其是大城市的双薪家庭，夫妻二人的时间价值都比较大，购买家务劳动是很划算的。

经济学课堂

灰色经济

灰色经济又称地下经济，是国民经济体的一部分。未被计入GDP的灰色经济又可以分成两个部分：一种是按照国民经济总决算的标准根本不应该被纳入计算的价值，还有一种价值，它虽然应当被纳入决算，但因为各种原因（比如隐瞒）才未被列入。前者的典型代表是所谓的自给自足经济，后者指所谓的地下经济。地下领域的活动涉及打黑工、走私、逃税等。自给自足的活动一般合法，地下活动大多非法。在过去的几十年中，灰色经济在几乎所有的工业国家都有大幅度增长。

4 保姆的劳动价值

前面我们谈到，对于一般城市的双薪家庭来说，夫妻的时间价值远远大于保姆的时间价值，正是因为存在这种价值的巨大差别，很多城市家庭愿意请个保姆，料理家庭的日常事务，从事家务劳动，照看小孩、老人，这样的家庭购买家务劳动，更好地实现了家庭资源的有效配置。

那么，保姆的劳动价值到底有多大呢？就从前一节所举的例子来说，丈夫的月收入是8000元，其每小时的时间价值是50元；妻子月收入3000元，每小时的时间价值17.5元。以月工资720元请个保姆，加上吃住的开支，保姆的时间价值才每小时4.5元，以1200元请个保姆，保姆的时间价值也只有每小时6.5元。这种差别是极其悬殊的差别。难道其所请的保姆的时间价值就只值4.5元、6.5元吗？其实，在这个家庭中，保姆的劳动价值不止这个数。我们假定，这个家庭如果没有请保姆，让妻子在工作之余的时间从事家务劳动，照看孩子和老人，每天需要2个小时。如果是丈夫来从事这项工作，这两个小时应该值100元，因为丈夫从事的是高收入工作，他完全可以在这两个小时与朋友、同事联络感情，或学习外语和其他相关知识，为做好工作打基础。如果是妻子从事这种工作，妻子的两小时也值35元，其他的道理同上。况且，他们在业余时间整理自己的家庭完全不够，没有请个保姆的效率高。其实，不管是丈夫还是妻子，从事这种家务劳动的工作都是得不偿失。也就是说，在这种家庭，保姆的劳动价值远远不止每小时4.5元、6.5元，肯定要高很多。但夫妻只是按市场的平均价格支付了保姆的工资。当然，保姆如果是个农村女孩，家庭经济情况比较差，720元或1200元的月工资也挺不错了。可见，夫妻支付给保姆的工资并没有体现保姆的真正价值，或者说低于保姆家务劳动的价值。

那么，还有哪些因素影响着保姆的劳动价值呢？大家知道，我国是个劳动力充裕，尤其是低水平劳动力供给十分充裕的国家，而高素质劳动力供给比较短缺、资本供给比较短缺、高收入岗位十分短缺。过去，我国的大多数家庭都是自己从事家务劳动，即使收入提高了，很多人也不太愿意请保姆，宁愿自己从事家务劳动。而我国是典型的二元经济，农村的经济发展水平大大低于城市尤其是大城市的发展水平，农村存在1.5亿剩余劳动力。在这种情况下，保姆的供给远远大于需求，保姆所得到的工资就必然低于其劳动价值，如果说在这里存在某种程度的剥削，那也是没办法的事情，保姆的劳动价格只能取决于其边际生产力，也就是雇用最后一个保姆的生产力，而由于保姆的供给大于需求，其边际生产力必然降低。从而，保姆的劳动价值必然降低。

另外，请保姆还存在一定的风险。比如，有的夫妻俩都需要工作，在上班时间，家里就剩下保姆，有的保姆诚信度不高，趁着主人上班时，把主人家里的东西，如家用电器、珍藏品等价值比较大的物品当成自己的物品搬出去出卖，得到了一笔钱便溜之大吉。有的保姆在给主人进行家务劳动时，不时损坏主人的物品，或者有客人在场时损害主人的家庭形象等。由于存在这些雇用保姆的风险，一些城里人不太愿意请保姆，有的要请也请个熟人，比如请个老家的女孩做保姆，觉得这样比较保险。由于存在这些因素，保姆的劳动价值也在一定程度上被打了折扣。

保姆的劳动价值还要受到家政市场的影响。在城市都有许多家政中介机构，这些家政中介机构一方面要对雇主负责，对保姆提出一些约束条件，有的需要保姆交纳一定数额的保证金，有的需要保姆的其他抵押品，有的还要对保姆进行一定时间的培训，并收取一定数额的培训费。而雇主要到家政市场聘请保姆也需要交纳一定数额的中介费。这些中介机构两边都吃，提供的一些服务也不一定完善。有的来自农村的女孩子，由于对城市不太熟悉，城里人也对来自农村的人存在一定程度上的歧视，这些女孩子对比较低的工资照样能够接受，毕竟比在农村闲着没有任何收入要强些。这也在一定程度上降低了保姆的劳动价值。

当然，随着我国经济的发展，社会的进步，城市居民生活水平的不断提高，人们的观念正在发生巨大的转变，家政市场也越来越完善，制定一些的约束条件可以提高保姆的素质，也可以提高城市居民的安全感。

很多城市居民也越来越精明，知道请个保姆，可以更有效地利用自己的优势资源，赚取更多的财富，同时，也提升了自己家庭的生活质量，所以，愿意请保姆的人数逐渐增多。而且，随着我国经济的发展，城乡隔绝的二元经济格局正在发生变化，而随着新农村建设的蓬勃开展，农村居民的生活水平也在逐渐提高，家政服务也逐渐发生悄然的变化，这样，保姆的劳动价值就可能逐渐上升。

经济学课堂

家政服务

家政服务和所有其他职业一样被看作是社会分工下的一种行业。2000年，劳动和社会保障部正式认定“家庭服务员”这一职业，家政服务踏上自身的“职业化”发展道路。随着经济社会的发展、人民物质生活和精神生活的提高，人们对家政服务的要求也日益规范化、专业化、系统化，这样，家政服务已不再是简单的传统意义上的保姆和佣人，而是一项复杂的、综合的、高技能的服务工作，所以，对家政服务员的培训已成为家政服务员提高服务质量、服务技能的必走之路。

5 怎样把钱用在刀刃上

在前面一章，我们探讨了婚姻实现家庭资源的重组和整合，夫妻双方的资源包括物质资源、资金资源、人力资源、信息资源、人脉资源等，而家庭理财也涉及家庭资源的重组和整合问题。那么，家庭资源如何重组和整合才能产生更高的经济效益呢？这就需要分析家庭成员的优势资源和劣势资源，家庭成员中，每个人都有其优势资源和劣势资源。比如，丈夫受教育水平比较高，但不太会交际，人脉资源缺乏；妻子文化水平比较低，但妻子性格外向，喜欢说话，善于交际。那么妻子的优势资源就是人脉资源，劣势资源是知识资源；丈夫的优势资源是人力资源，劣势资源是人脉资源。夫妻的资源重组和整合就是将二人的优势资源重组，尽可能避免使用其相对的劣势资源。而把钱用在刀刃上也就是把家庭的主要资金用于发挥夫妻的优势资源，使其产生更大的效益。

我们假定，夫妻俩的资源经过整合，可以共同以其优势资源对家庭经济产生促进作用，如果夫妻俩现在有剩余的资金 10000 元，他们可以把这些资金投入家庭经济的增值过程。如果这 10000 元资金用于丈夫的知识培训（或技能培训），掌握了新的知识（或技能）后，丈夫可以每月增加 300 元的收入；如果把这些资金用于妻子的交际，拓展人脉资源，有 60%的希望马上赚取 80000 元的收入。那么，到底将这笔钱怎样投入才能产生更高的经济效益呢？如果把这笔钱用于丈夫的培训，每月增加 300 元收入，一年增加 3600 元收入，20 年增加 72000 元收入；而用于妻子的人脉资源支出，存在一定的风险，剔除这些风险，按 50%的概率计算，可以很快赚取 40000 元的收入。一般来说，远期货币的价值不如即期货币的价值，在这里，如果算上一生的总收益，投资于丈夫产生的总收益肯定要大很多，但由于货币的即期价值远远大于远期价值，所以，还是妻子用于投资人脉资源更划算。因为，这笔投资很快就能产生收益，等它产生了收益，再去给丈夫投资也不迟。这样，可以将一元钱当两元钱花，这也就等于增加了每一元钱的边际价值，从而真正把钱用在刀刃上了。

现在，很多城市双薪家庭还是不太愿意请保姆，其实，按照面前家政市场的行情，保姆的工资偏低，一般的专职保姆小时工资才 3 元钱。城市职工的小时工资远远高于保姆的小时工资，对于人力资本价值比较大的职工来说，购买保姆的家务劳动可以为自己省下许多时间，自己可以在这些省下的时间里多干些工作，或继续学习，提高自己的人力资本价值。比如，丈夫的月收入是 3000 元，妻子的月收入才 1000 元，这种家庭生活水平一般，不太愿意请保姆。假定这个丈夫是个编辑，他请个保姆后，丈夫可以在业余时间进行一些创作，如果他业余时间可以每月增加1000至1500元的收入，那么，他请保姆是十分划算的。因为，即使他所增加的收入减去保姆的工资和吃住费用没有多少剩余，但妻子可以利用多余的时间干很多事情，包括继续学习知识和技能，提高自己的人力资本价值，为将来增加收入奠定基础，而且夫妻俩的生活舒适度和满意度提高了。所以，对于一些年轻的夫妻来说，购买保姆的廉价家务劳动是很划算的，毕竟年轻人的时间价值比较大。也就是说，对于目前绝大多数城市双薪家庭来说，花钱请保姆的边际价值是比较大的。

那么，在日常家庭消费支出中又如何提高每一元钱的边际价值呢？我们花钱消费就是要满足自己的欲望和消费需求，把钱用在刀刃上也就是使我们在所花的钱既定的情况下尽可能满足更高的欲望和需求。在家庭消费中我们需要达到总满意度的最大化，也就是总效用的最大化，也就是在日常食物支出、耐用消费品支出、住房支出等项消费支出中进行合理的搭配。

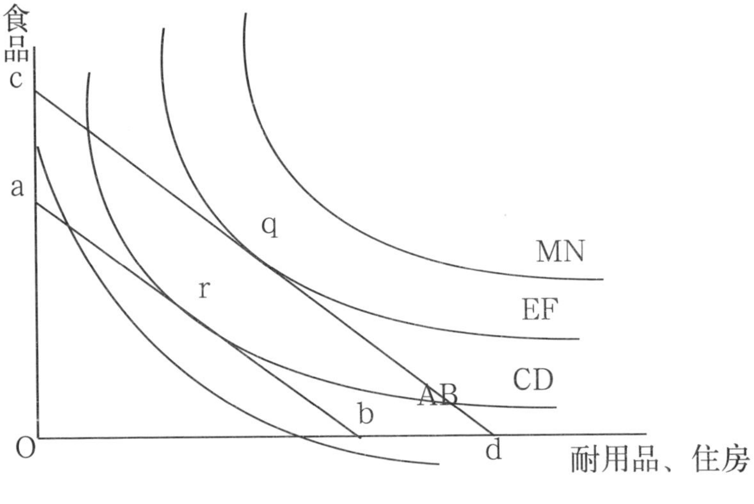

如图所示，纵轴表示用来购买食物的支出，横轴表示用来购买耐用品和住房的支出，ab、cd表示不同水平的预算线，也就是不同阶段可以用于总消费的支出额，AB、CD、EF、MN表示不同水平的消费无差异曲线，也就是消费物品得到的满足程度或满意度。在消费总支出额为ab的条件下，满意度达到无差异曲线CD的水平就是最好的，这时消费预

算线与无差异曲线相切于 r 点，这个点就是不同消费品的搭配比例点，如果花了 ab 水平的消费支出，但只得到无差异曲线 AB 的满足程度，这种消费品的搭配就是不合理的，降低了应有的满足水平。同样的道理，消费总支出为 cd 时，消费的满足程度应该达到无差异曲线 EF 的满足水平，消费品的均衡点是 q 点。

这个意思到底怎么理解呢？比如，当夫妻刚刚结婚的时候，由于夫妻原来的积蓄都不算多，又准备生孩子，那么，家庭食物的支出是主要支出，就不能把原来的积蓄花得太多，把耐用消费品都买齐。因为这些耐用消费品不仅花费了过多的积蓄，占用了过多的资源，而且每天的使用成本也不少。夫妻完全可以省点，买一两件必需的耐用消费品就可以了，这样就有更多的机动资金可以应付生养孩子的支出。如果夫妻的收入水平提高了，收入也稳定了，但夫妻俩还很节省，连冰箱、洗衣机、微波炉等一般家庭用品都不舍得买，还要花费过多的时间洗衣服、买菜、做饭，那也不划算。因为，年轻人的时间也是金钱，价值比较大，买些必需的耐用消费品可以节省许多时间，夫妻完全可以利用这些节省下来的时间，把自己的工作做得更好，或者继续学习。也就是说，在计算所花钱的边际价值或边际效用时，必须考虑自己的收入水平和时间价值。

6 理财要摸准经济周期

什么是经济周期呢？经济周期就是宏观经济从萧条到复苏再到高涨的循环发展，由于知识和技术存在一定的更新周期，引起企业固定资产的大规模更新往往周期性地发生，每经过一段时间，宏观经济需要通过普遍更新技术和固定资产实现新的、更高水平的发展。所以，宏观经济呈现从低潮到高潮的循环发展，这是宏观经济发展的规律。由于知识和技术的发展存在短期、中期和长期趋势，经济周期也存在短周期、中周期和长周期三种。那么，怎么样来判断宏观经济处于哪个发展阶段，经济是处于萧条阶段还是高涨阶段呢？一般有宏观经济指标，如 GDP 增长率、通货膨胀率等。

但是，我们完全可以从一些生活化的指标来判断经济周期。英国《经济学家》杂志曾经列出了6项判断经济周期的生活化指标，见下表。

序号	生活化指标	经济高潮时期	经济低潮时期
1	新车销售量	大大增加	减少或趋减
2	司机需求量	大大增加	稳定或减少
3	房产需求量	房地产热	趋冷
4	旅游需求量	大大增加	稳定或趋冷
5	女性美容数量	大大增加	减少
6	宠物数量	大大增加	稳定或减少

那么，家庭理财如何摸准经济周期呢？一般来说，在经济处于高潮时期，存在轻微的通货膨胀，钱比较烫手，人们更愿意花钱；而在经济处于低潮时期，存在不同程度的通货紧缩，人们更愿意存钱，而不愿花钱。任何东西，需求的人多，其价格就必然高，需求的人少，其价格就必然低。只要抓住这个规律，就可以花更少的钱买到更好的物品。

例如，需要买房子的家庭，在经济高潮时期赶热闹买房子，必然花更多的钱，而在经济高潮时期把钱存起来，等到经济低潮时期买房子，买同样的房子可以花更少的钱。对于一般家庭来说，买房子的支出是很大的一项支出，合理花钱可以省下不少支出，增加每一元钱的边际价值。就是一般的耐用消费品，也在宏观经济处于低潮时期购买更划算，因为在经济低潮时期，居民的购买力上升缓慢，需求不足，供给过剩，购买耐用消费品可以花更少的钱。在经济处于低潮时期，买东西最划算的就是购买商业保险，因为，在经济处于低潮时期，人们普遍不愿意花钱，购买商业保险更加慎重，保险业务员推销保险更加艰难，一般在这个时候，保险公司容易推出条件更优惠的保险品种，保险业务员的服务也会更加周到，所以，有钱的人最好在这个时候购买一次性付款的商业保险，这比在经济高潮时期购买商业保险要省下不少钱。孩子要上外语、钢琴、电脑等培训班，也在经济处于低潮时期最划算，因为这时购买力不足，需求比较少，可以花更少的钱。

在经济高潮时期，找工作更容易，赚钱的机会更多，对于年轻人来说，这时请保姆是比较划算的。因为，在经济高潮时期，年轻人可以请保姆承担家务劳动，虽然保姆的工资比较高，但自己赚钱的机会更多，自己的时间价值远远大于保姆的时间价值，在经济高潮时期不赚点钱，到经济处于低潮时期就没有那么多赚钱的机会。而在经济处于低潮时期，一般人的时间都比较充裕，时间价值更低，这时自己从事家务劳动更划算。

在经济处于低潮时期，一般服务行业的收费都比较低，这时购买一些服务还是比较划算的，比如家庭房屋的装修，这时房屋装修行业冷淡，自己的房屋需要装修最好在这个时候请人，所花的钱肯定要少很多。而在经济高潮时期，房屋装修很热，花钱必然多些。在经济处于低潮时期，由于服务行业普遍不景气，竞争激烈，服务质量一般要高，而服务价格可能比较低，出外旅游的人也更少，旅游景点没有那么拥挤，所以，这个时候出外旅游更划算。而在经济处于高潮时期，由于服务的需求增多，价格趋高，服务质量反而下降，而且旅游景点人满为患，所以，这时旅游不太划算。但是，对于服务行业来说，也有一些例外的情况，比如在外面吃饭，就是在经济高潮时期更划算。因为，在经济高潮时期，出外吃饭的人增多，饭馆的顾客多，周转快，厨师的工资高，厨师干活更卖力，可以吃到美味、可口、新鲜的饭菜。而在经济处于低潮时期，厨师工资低，饭菜的味道更差，甚至有不少储藏过久的肉和蔬菜，虽然便宜，但不太划算。所以，一般在经济处于低潮时期，人们更愿意自己做饭。

经济学课堂

经济周期

经济周期是指总体经济活动的扩张和收缩交替反复出现的过程，也称经济波动。每一个经济周期都可以分为上升和下降两个阶段。上升阶段也称为繁荣，最高点称为顶峰，此后经济就进入下降阶段，即衰退。衰退严重则经济进入萧条，衰退的最低点称为谷底。经济从一个顶峰到另一个顶峰，或者从一个谷底到另一个谷底，就是一次完整的经济周期。现代经济学关于经济周期的定义，建立在经济增长率变化的基础上，指的是增长率上升和下降的交替过程。

裙边理论

据美国大型零售集团“陶布曼中心”2004 年年初发布的一项调查：63% 的美国人认为当年将流行长度在膝盖以上的短裙，这被认为是美国经济形势好转的一个信号；30% 的美国人认为当年流行的裙子将刚刚超过膝盖。其理论依据是沃顿商学院经济学家乔治 · 泰勒在 20 世纪 20 年代研究发现的“裙边理论”：在经济增长的时候，女人会穿着短裙，因为她们要炫耀里面的长筒丝袜；当经济不景气的时候，女人买不起长筒丝袜，只好把裙子放长，来掩饰没有穿长筒丝袜的窘迫。

第十一章
昂贵的休闲

如何才能发挥休闲的最大效用呢？适度娱乐可以提升生活质量。随着社会经济的快速发展和居民收入的提高，人们对休闲的需求将快速增长。如何看待休闲的成本和收益，如何发挥黄金周的效用，根据不同休闲模式的成本和收益组合、搭配休闲模式，如何规避休闲风险？本章将从经济学的角度探讨这些问题。

1 你在闲暇时做什么

根据北京市的调查结果显示，2001 年，北京市居民周平均每日闲暇时间为 5 小时 45 分钟，周平均每日工作时间为 5 小时 1 分钟，周平均每日闲暇时间首次超过工作时间 44 分钟；1986 年北京市民的闲暇时间只有工作时间的 46%，到 1996 年，闲暇时间是工作时间的 80%，2001 年则闲暇时间超过工作时间 15%的。居民闲暇时间大量增加，而工作时间和家务劳动时间则大量减少。闲暇时间增加的主要原因有三个：

一是实行双休日等制度因素；二是家务劳动社会化使居民用于家务劳动的时间减少，从而增加闲暇时间；三是提前退休、下岗、失业和无业人口的增加也使闲暇时间增加。

既然居民的闲暇时间大量增加，工作时间和家务劳动时间大幅度减少，那么，居民在闲暇时间都干些什么呢？随着闲暇时间的增加，旅游、娱乐、体育健身、文化传播等行业迅速发展，使居民闲暇时间内从事的休闲活动越来越多样化，在增加人们的满意度和幸福感的同时，也刺激了消费需求，对经济增长起了积极的促进作用。

不管是城镇居民还是农村居民，旅游需求都急剧增长。收入相对低的作短线旅游，收入相对高的作中长线旅游，甚至是出国（境）旅游。2000 年，中国国内旅游人数达 7.44 亿人次，总出游率为 59%，中国国内旅游在旅游经济总量中的份额，已从十年前的不到 20%上升至 70%以上。特别是在每年三个“黄金周”期间，几乎囊括城乡居民各种休闲活动的旅游业，更是一枝独秀。

从自娱自乐到去娱乐场所娱乐，这是在中国普及性甚高的几种休闲方式。自娱自乐，包括在家里看电影电视，唱卡拉 OK，在城镇居民中已基本普及；举办家庭舞会，也早已不是什么新鲜事；集体娱乐场所，包括歌厅、酒吧、茶馆等，现在普及面也很宽。

健康是人类的基本追求，中国城乡居民迈入小康社会之后，人们花在体育和健身方面的消费日益增多。各个城市和许多农村乡镇，这些年增加了很多体育馆、健身房、棋牌室、游泳馆、保龄球馆，吸引了大量城乡居民前来休闲和消费。中国国家旅游局早已把体育健身作为一种专项旅游产品，大力加以开发和促销，既满足了海内外旅游者的需要，也带动了群众性体育健身活动的开展。许多大型体育健身活动，实际上就是旅游者和群众一起参与的活动。

人们在闲暇时间喜欢读书、读报、看电视、听广播；电脑、网吧等休闲新装备、新场所，在中国也得到了迅速发展。在新的时代，终身教育的主要功能之一就是休闲，也就是说，学习知识也是一种娱乐，人们从学习新知识中体验到增值知识的快乐，品味到人生的乐趣。特别是由于人们更多地借助于多媒体和互联网等工具学习，媒体的文字、图形、动作、声音相互搭配，这本身就增加了学习的趣味性和娱乐性。

西方休闲思想有着悠久的历史，至少可以追溯到被西方学者奉为休闲学之父的亚里士多德，他把休闲誉为“一切事物环绕的中心，是科学和哲学诞生的基本条件之一”，认为工作的目的是为了休闲，人唯有在休闲时才有幸福可言，恰当地利用闲暇是一生做自由人的基础。

休闲是人的精神与物质的需要，进而产生许多经济利润点。休闲作为一种社会现象和消费现象，与经济社会发展的关系十分密切。如果这种关系处理不好，休闲就会成为不能增加社会财富的消极行为；如果这种关系处理得好，休闲就会造就出庞大的消费市场，成为一种商机，并可以派生出一系列新的服务和新的产业，在更好地满足一部分人的休闲需求的同时，给另一部分人开辟出创造财富的空间，促进社会经济的进一步发展和繁荣。而且，在当代世界，大多数人群同时具备“劳动者”和“消费者”两种身份。你在这个时间里是劳动者，为别人提供休闲服务；在另一个时间又成为休闲者，享受别人为你提供的服务。一些人在增多的闲暇时间里或旅游、健身、娱乐，使自己的身心在工作之余得到更多的调适、放松，不仅增加了自己的生活情趣，提高了生活满意度，而且使自己的身体得到了更好的恢复和发展，有利于提高工作效率。另外一些人在闲暇时间里继续学习，充实了自己的精神世界，同时也提升了自己的价值。还有一些社会上的无业者，他们在闲暇时间里或有更多的健身、娱乐活动，或者加强学习，不仅可以使自己更容易适应社会，适应未来的工作和生活需要，而且增强了社会的稳定性。

在某种意义上，休闲是现代生活不可或缺的象征。1899 年凡勃伦出版了《有闲阶级论》，标志着探索休闲对于人类文明和社会进步意义的休闲学科的诞生。中国已经进入全面建设小康社会、加快建设社会主义现代化的新阶段，城镇居民的收入将进一步提高，物质生活的需求和精神文化将进一步增长，人们在闲暇时间从事的休闲活动将日益增多，休闲经济必将在中国进一步加快发展。

经济学课堂

有闲阶级

有闲阶级是指社会上的一类人，非常悠闲自在，有大把时间，想干什么就干什么，这类人没有生活压力，不需要拼命忙着去找工作，不愁吃不愁穿。与有闲阶级相对应的，当然是无闲阶级。有闲和无闲，并不一定和阶级划分一致，资本家阶级也分为有闲阶级和无闲阶级。就是说，有一类资本家是无闲阶级，他们一辈子都是在拼命地工作。有闲阶级是由美国经济学家凡勃伦详细论证的。

2 休闲的成本收益

随着经济自由度指数缩小，也就是经济受抑止的程度降低，“休闲”一词20世纪90年代开始在我国流行，休闲度假、休闲聚餐、休闲购物、休闲旅游、休闲文艺等，休闲热不断升温。休闲的真正含义是指不被直接生产劳动所吸收的时间，它包括个人受教育的时间、发展智力的时间、进行社交活动的时间等。与之相适应，给所有人腾出时间和创造手段，个人会在艺术、科学等方面得到发展。休闲实际上是人在除了恢复自己的体力之外，还有一种更高的、精神的、心理的、文化的需求，是与人的全面发展联系在一起的。休闲既是一种消费行为，又是一种自我发展和提高的行为，属于比较高层次的需求。所以，在计算个人休闲的成本和收益时，也应当放到一个更高层次上来认识。

休闲的成本主要包括休闲的直接成本和间接成本。直接成本就是直接的货币支出和休闲所付出的辛苦，比如旅游，不管是去国外还是国内旅游，都需要一笔比较大的开支，包括交通费、旅游景点的门票支出、吃住的支出、在旅游区购物的支出等，旅游还要付出旅途的辛苦，包括坐车、船、飞机过程中的身心劳累，在旅游景点游玩的劳累和辛苦。旅游的间接成本主要是指旅游的机会成本，把时间花费在旅游上，就不能把它花在娱乐或自我提高的学习上，就不能把时间花在赚钱上，从而损失其他方面的机会。旅游的间接成本还包括旅游的风险，出外旅游存在一定的风险，包括在旅行过程中的风险、在旅游景点游玩的风险，一些险峻的旅游景点风险还比较大。而旅游的收益就是旅游让个人体验到他乡或异国的生活情调，能够看到美丽的风景，从而给自己身心带来愉悦，并调适自己从事单调工作的烦恼心情，暂时减去工作压力，获得身心的解脱。在他乡或国外购物、吃、住都是一种全新的生活体验，可以让人得到满足感，因为旅游还有利于个人增长知识、见识，使个人得到自我提高，得到他人的尊重。

娱乐的成本也包括直接成本和机会成本。娱乐的直接货币支出是一项比较大的支出，去歌厅、卡拉OK厅、酒吧都是一种高消费行为，对于一般的工薪阶层来说，大多数人不太舍得，不过，为了与情人或朋友一起乐乐，也有许多人愿意慷慨解囊，这在很大程度上是满足了自己社会交往和认知的需求，也是一种比较高层次的需求。一些人喜欢在家里或与朋友一起自我娱乐，唱唱卡拉OK、跳跳舞什么的，支出的费用很少，又得到了身心的愉悦，成本比较低而收益比较大。娱乐的机会成本就是从事娱乐活动就不能从事旅游、健身、读书等活动，适度的娱乐，机会成本比较小，毕竟损失的时间不多，但如果沉溺于娱乐耽误了学习和工作，机会成本就比较大了。娱乐的风险一般比较小，但如果在一些人流比较混杂的娱乐场所，风险还是比较大的。

体育和健身方面，成本也相差悬殊：如果是在户外居民健身场所从事体育健身活动，基本上没有什么个人成本；到一般的体育馆、棋牌室、游泳馆，价格也不算高，成本还是比较低的；如果是到高档的健身房、保龄球馆、体育馆等地进行健身活动，所支出的成本比较高，是一些有钱人出入的场所。健身的机会成本就是从事健身活动要损失一些其他方面的活动，对于一些时间价值大，工作十分繁忙的人来说，没有这么多的时间从事健身活动，也就是其健身的机会成本比较大，对于普通的工薪阶层，机会成本不大。体育健身的收益就是增强了个人的体质，提高了人力资本价值，同时调整了身体的功能，满足了自我实现和发展的需求；从事健身活动还有利于结交朋友，在这种场合结交的朋友没有什么利益冲突，所以收益比较大。

在文化传播方面，读书、读报、看电视、听广播、上网都是一种文化传播方面的休闲活动，个人在这方面支出的成本一般是很低的，一般爱读书、读报的人都会到本地的图书馆办理读者卡，也有不少人会自己购买图书、报纸、杂志。所以在文化传播方面休闲的成本主要是机会成本，就是个人把时间用在文化传播方面，就失去了娱乐、旅游或赚钱的机会，一般来说，从事文化传播方面活动的大多数是年轻人，他们的时间比较多，自我实现和提高的需求比较大，所以，相对来说，他们从事文化传播的机会成本还是比较小的。

我们比较一下上面所提到的休闲活动，不同的休闲活动，成本和收益是各不相同的。相对比一下，旅游的成本一般比较大些，收益相对小些，从事高档次的娱乐活动，成本也比较大。而收益最大的休闲活动就是健身和文化传播活动，它满足的也是人们比较高层次的需求，不仅有心理上的满足，更有提高自身的满足，还有利于提高人力资本价值。

从总体上说，根据人们的经验和有关专家的分析，工作是否令人满意在很大程度上取决于休闲时间的多少和休闲所实现的效用，同时，休闲与幸福之间存在着一种积极的相互关联。因为工作创造非效用与休闲提供效用是相互关联的，更确切地说，人们希望有合适的激励和挑战，即他们想要完成任务或履行义务，但他们不希望有过重的负担，而休闲恰恰可以减去人们工作的负担和压力。研究分析表明，提供特定满意度的休闲活动，如体育健身、娱乐、读书等，能够减少抑郁、降低压力。其他有益的社团活动，如参加社交俱乐部、乐队、戏剧俱乐部、体育俱乐部等可以让个人实现更广泛的交往需求，从而增进人们的幸福感。看电视是大多数人的休闲活动，如果适度控制的话，能够有助于满意度的培养和产生，但看电视太多也会产生不幸福感和空虚感。

经济学课堂

经济自由度指数

经济自由度指数是反映一国经济环境是否宽松、市场化程度高低的重要指标。它是由美国传统基金会和《华尔街日报》共同编制的，是全球最权威的经济自由度测评指标之一，涵盖全球155个国家和地区，计算这个指数是通过分别对10大类的50个指标予以估测，然后将各大类的分值进行加权平均，包括了政府在生产、分配、消费等方面消除干预、保护和维持公民个人自由的政府政策行为及其效果。数值越小，经济自由度越高。

3 适度娱乐提升生活质量

实际上，娱乐业是一个非常宽泛的行业，宽泛到难以界定。比如奥运经济既是体育经济，也是娱乐经济。当娱乐产业的新浪潮席卷全球的时候，我国的娱乐业尚处于启蒙的阶段。娱乐经济学大师沃尔夫在《娱乐经济》一书中高瞻远瞩地指出：“全世界都在收看收听美国的电影、音乐和电视，很容易使人们认为美国就是娱乐业的中心。事实上，美国的观众只代表全世界眼球的4%，而中国却是一个潜在的22%。”根据2002年《中国统计年鉴》的资料，2001年，中国第三产业产值只占GDP的38.7%，其中，娱乐业产值只占GDP的0.9%，而娱乐业的就业人数只占全部就业人数的0.2%。而美国1990年全美国消费者在娱乐性商品和服务方面总共花掉了2800亿美元，占全部消费开支的7%，这一数字是消费者 1990 年购买新车花销的 3 倍。这种状况固然与我国经济发展水平不高有关，但还有更多复杂的因素。

娱乐是使人快乐或感到有趣的活动，从本质上讲，娱乐是人的天性。古往今来，人们无时无刻不在憧憬着娱乐的天堂，去从事各种各样的娱乐活动，并不断地发现和创造着新型的娱乐活动和方式，在娱乐的幻想和实践中获得一种人生的满足和愉悦。但是，中国人讲究勤奋、节俭，认为娱乐是玩物丧志。老子说："五色令人目盲，五音令人耳聋，五味令人口爽，驰骋畋猎令人心发狂。"也就是说，只会享乐就让人身心受损。

但事实上，越来越多的人已经认识到，娱乐活动在人类发展过程中具有不可替代的作用，人不是工作的机器，而是一个自然的人、社会的人，具有娱乐的天性，需要通过适度娱乐来放松身心，缓解工作压力，提高工作效率。人类本来就是趋好娱乐的，只是由于历史和文化背景的不同而具有不同的表现形式和表露程度，我国受几千年封建专制制度的影响，过去人们不敢娱乐。但在经济全球化和市场化的今天，整个人类都在找回自身娱乐的价值和尊严，人们有更多的可能性去表现娱乐的信念与权利，也有能力去经营娱乐的消费价值。正是在这种情况下，娱乐业成了一个极受欢迎并正在急剧变化的国际性产业。

娱乐的内容包括歌舞类、游戏类、健身类、观赏类、消遣类、综合类等多种类型。其中，歌舞类包括到歌舞厅唱歌、跳舞等娱乐；游戏类包括象棋、围棋、陆战棋、跳棋、扑克牌、麻将牌等，还包括手动游戏、仿真模拟游戏、电子游戏、电脑网络游戏等；健身类包括健身房室内健身、室内外游泳、室内和室外玩球、极限健身场馆健身等；观赏类包括观赏电影、电视、汽车电影、录像、音乐、博物馆、纪念馆、文化艺术类展览，欣赏歌舞、杂技、体育比赛、演艺表演、娱乐性广播、自家音像、游戏等，还包括阅读娱乐性报纸杂志、书籍；消遣类包括在各种酒吧、网吧、足球吧、拳击吧、氧吧、玻璃吧、陶吧、攀吧、茶艺馆、咖啡馆、夜总会等娱乐场所消遣；综合类是到各种游乐园、公园、康乐宫等地游玩。

娱乐需求追求的是一种情调、一种感觉、一种文化，寻找的是一种情感的归宿，娱乐是现代社会的产物，它不仅与产业和经济有着密切的联系，更重要的是它所体现出来的文化意义和社会意义。娱乐不仅标志着人已经从繁重的体力劳动中解放出来，而且标志着人从满足现实的基本生活需要转向对精神生活的向往。娱乐的需求因人而异，是纷繁复杂、变化多端的，根据年龄、性别、职业、性格、气质、爱好、兴趣、修养、文化程度、收入水平、传统习惯、文化积淀、风俗等不同情况和特点，人们会寻找不同的娱乐形式和项目，从娱乐中获得一种身心的舒畅，提高生活的满意度和幸福感。适度的娱乐可以增加个人的智慧，使人们在消费中增长见识、开阔视野、陶冶情操、启发智能、活跃思维。娱乐还有利于促进人们的身心健康，随着社会的发展，人们对工作与娱乐的关系认识得日益透彻，“紧张中有一份洒脱，松弛中有一份紧张”已经成为越来越多人的生活信条，无数的调查统计表明，心怀坦荡、心情愉悦、情绪健康，并有一定的娱乐爱好，适度娱乐的人，不仅生活质量属于上乘，寿命比较长，而且学习和工作效率更高，更具有团队精神和合作精神，更善于与他人和谐相处，更会以积极的态度对待人生和工作。因为善于适度娱乐的人，有一种“物我两忘”的高度体验，有一种“这个世界多么美好”的高尚精神世界。这种精神世界不是金钱可以买到的，它大大提升了人们的生活质量，使我们用更少的钱达到了更高的效用。

经济学课堂

奥运经济

从内容上划分，可将奥运经济划分为红线经济和绿线经济，红线经济就是奥组委与国际奥委会就设限边界进行商讨和灵活应用相应规则所处理的奥运会举办期间的经济事宜；绿线经济就是举办城市借奥运之机加快相关产业的发展。奥运经济包括三个组成部分：一是直接为举办奥运会而产生的经济活动，如比赛场馆及相关设施的投资及投资拉动等；二是围绕开发奥运会资源进行的经济活动，如奥运会市场开发的各项内容；三是主办城市借奥运契机，发展区域经济、加快城市建设的各种经济活动。

4 让你的假期发挥最大效用

随着我国假期天数的增多，“旅游”两字必将被“休闲”两字取代。毕竟，“旅游”是要走出去的，必然涉及交通、住宿等一连串的服务体系问题。而“休闲”则既可以在家里、球馆、牌室、社区内、城市郊区进行，就地取材，随时随地，肯定方便、实在、经济了许多，也可以走出去或名山大川一番，或小桥流水一回，进退自如，无往不利。典型的表现，就是“驴友”这一新兴“样板”的出现，预示着社会发展的前进方向——“休闲经济”已经姗姗到来。当然，“旅游”与“休闲”也是互为补充、互为促进的。但“休闲”取代“旅游”则是大势所趋，不可阻挡的潮流。

就拿出行来说，我们完全可以到郊区或更远一点的中小城市、县城、农村去，看看田园风光，欣赏自然界的美丽，品味吃农家饭的滋味，看那些小巧的瀑布、连绵的山川、小桥、流水、人家，对于城市居民来说，欣赏这些纯粹的自然风景也能心情愉悦。

好不容易盼来一个假期，把这几天的时间用在娱乐上，可以更好地带来身心的愉悦，舒展一下自己的筋骨，娱乐一番，让自己在休闲之后能够以更好的精神状态投入到工作中去，岂不是两全其美。

对于一些文化层次比较高的人，几天的假期可以安排得更妥当一些，用几天时间到图书馆看看书，享受一下文化娱乐的愉悦，提高自己的修养；又可以花几天时间和朋友或家人一起到游乐场所放松放松，联络一下感情；再到电影院看看原版国外大片，既放松了心情，得到娱乐的享受，又提高了自己的外语水平；还可以带着一家人到郊区或野外体验一下心旷神怡的感觉。假期经过这样一搭配，不仅花钱少，不同的需求还相互补充，让每一种休闲形式都产生最大的效用，从而增加了对假期的满意度。

经济学讲究资源的合理配置，配置得好，资源就能够得到最有效的利用，以最小成本取得最大收益或满意度。没有物质基础，个人谈不上幸福和快乐，但过度地利用资源，也会使资源的边际效果降低，利用率降低。经过了几个月的辛勤工作，个人的边际生产率在逐渐降低，就需要适度的休闲加以调节。而不同的休闲资源也需要合理配置，让假期的时间资源得到充分的利用，让每一种休闲形式都产生全新的感觉和体验。对于大多数普通的劳动者来说，劳动是幸福，因为，通过劳动可以获得自己的收入，增加客观的幸福资源；休闲也是一种幸福，通过适度的休闲，人们可以放松自己，调节身心，获得更多主观的幸福感和生活的满意度。

经济学课堂

假日经济

有人说，假日经济的本质是旅游经济，因为，只有较长距离的移动消费才能形成假日消费，其他的消费需求，并非“新的”需求，充其量只是通常休息日消费需求的转移而已，较长距离的移动消费主要就是旅游。于是，他们主张，假日消费制度的创新就是要解决旅游供求之间的非均衡性问题。但另外一些人认为，把假日经济看成是旅游经济，显然是只注意到问题的表象，短距离消费也是“新的”消费。

5 休闲效用最佳组合

对不同的休闲资源和自己的时间进行合理搭配，可以实现时间资源和休闲资源的合理、有效利用，产生更大的效用。一般来说，人们休闲都带有自己的偏好和习惯，所以，我们分析休闲资源有效配置时还需要了解人们的偏好或爱好。

所谓偏好就是人的兴趣，兴趣是人们力求接触、研究和认识的某种事物，或从事某种活动的心理倾向，这种倾向和一定的情感相联系，但偏好和兴趣相比，能够更稳定地表现出对一定事物所持有的积极倾向，偏好是消费物品或服务产生效用大小的基础。偏好和居民的收入水平、社会经济的发展水平密切相关，人们只有在基本的、低层次的需求得到满足后，才会产生更高层次的偏好，偏好再加一定的收入基础就形成市场需求。

根据有关的研究显示，一般居民对看电视都有比较大的偏好，90%以上的居民将看电视作为爱好之一，看电视是他们获得信息、了解社会的主要渠道；看书、看报、看杂志、读书是大多数居民的爱好之一，而且随着年龄的增长，这方面的爱好更强烈；爱好上网的人群中，高学历和年轻人居多，15 ~ 29 岁的人上网最多；年轻人有一半爱好看电影；唱歌、跳舞以年轻人和老年人为主；61 岁以上的老年人有 76%爱好养花、养鱼；20 岁以下的年轻人有 80%爱好购物。

现在，一般城市居民有一半左右的时间是闲暇时间，如何充分利用这些时间，合理搭配时间资源，把时间资源与相关的休闲资源结合起来，让自己的休闲效用实现最大化呢？这就不能完全按自己的偏好或爱好来进行决策，爱好容易成为一种习惯，把过多的时间资源用在单一的爱好上，休闲所产生的效用不一定高，所谓玩物丧志就是指一个人将某种偏好发挥到了极致，一过就会走偏，而走偏了就容易丧志。也就是说，凡事总有个度，过度就是滥用，其效用必然降低。比如，看电视，如果对什么连续剧着迷了，100 多集都要看，可能会使自己的兴趣走偏，耽误了学习和提高的机会，甚至于还可能影响正常的工作了，这样的休闲就是产生了一定程度的负效用。再比如，上网的年轻人沉溺于网上的新鲜事物、美女、网上聊天，甚至到了废寝忘食的地步，过多消耗自己的精力还是小事，影响工作效率才是大事。所以，合理搭配休闲时间、休闲资源，不能“跟着感觉走”，而应当“跟着理性走”。

那么，怎样合理搭配休闲资源和闲暇时间资源呢？动静接合、劳逸结合、不同的休闲方式结合才能最大限度地利用闲暇时间，充分发挥休闲的效用。比如，爱看电视的老年人，老是待在家里看电视容易缺钙，适当地到户外活动活动，散散步、聊聊天、扭秧歌、跳舞、养花、养鱼，都可以调节身心，达到劳逸结合的目的，使休闲的总效用达到最大化。沉溺于上网的年轻人，可以减少上网的时间，多看些报刊、书籍，提高自己的知识水平，上网和看书结合更容易增长自己的知识面、拓展视野，同时从事一些健身、娱乐活动，增强自己的体质，这样，休闲的效用就更大了。书呆子们上网可以开阔视野、增强自己的灵活性，毕竟读书也需要和社会需要结合起来，才能产生更大的作用，不时到娱乐场所放松放松，到野外呼吸一下新鲜空气，换换环境，大脑的反应能力和创造力也容易得到提高，这样就少了许多书呆子的味道了。

休闲还需要根据不同休闲模式的成本和收益的对比进行合理搭配。比如旅游，不管是去国外还是国内旅游，其直接成本都比较大，旅游还存在机会成本，旅游的间接成本还存在一定的风险，而旅游的收益并不一定与所花费的金钱成正比。一般的娱乐方式，成本比较小，而收益又比较大，能够获得身心的愉悦、开阔视野、陶冶情操、启发智能、活跃思维、降低生活和工作压力，对于脑力劳动者和工作比较紧张的人来说，是一种效用很大的休闲方式，集体娱乐更容易增强自己适应社会的能力，可以在娱乐中交友，增加意外的收益。对于身体素质不太好的人来说，健身娱乐是效用很大的休闲方式，到一般的体育馆、棋牌室、游泳馆去调剂一下自己的身心和身体，价格也不算高，成本也比较低，有利于增强了个人的体质，提高了人力资本价值，同时调整了身体的功能，满足了自我实现和发展的需求。从事文化传播方面休闲活动，如读书、读报、看电视、听广播、上网成本不高，收益却不小。

那么，不同收入水平的人，就需要根据自己的支付能力，合理搭配休闲方式。收入高，可以到国外去体验新生活，到高档的娱乐场所潇洒一番，到健身中心去减肥，舒展一下身心。收入一般的人，可以享受一般的娱乐方式，一家人去博物馆、纪念馆、公园、游乐园可以体验其乐融融的感觉。下棋、玩牌也可以调节身心，获得一种满足感。总之，根据不同休闲方式的成本收益比较，根据自己的收入水平，合理配置闲暇时间，多种休闲模式相结合，就能够以比较少的货币支出和时间支出，得到更大的休闲效用。

经济学课堂

休闲时代

国际休闲研究的权威人士杰佛瑞·戈比、托马斯·古德尔等人认为，2015 年前后，世界发达国家将进入“休闲时代”，休闲、娱乐活动和休闲旅游业将成为下一个经济大潮，并席卷世界各地。届时，休闲服务将主导世界劳务市场，国民生产总值中会有一半以上的份额由休闲产业创造出来，人们将把生命中一半的时间和一半的金钱用于休闲。

第十二章
人生最大的财富是健康

人人都知道，身体是工作的本钱，财富买不来健康。可是要真正做到既工作出色，又保持强健的体魄还是很难的。所以我们应当了解一些日常的健康知识，加强锻炼，有病不要拖拉，备一些常用的药，以最少的成本保持身体的健康，同时也要了解一些在医院看病的经济知识，未雨绸缪规避健康风险。药价和医疗价格是如何决定？为什么富了医院、苦了病人？看病挨宰与大夫的职业道德有何关系？亚健康怎样影响工作效率？本章将探讨这些问题。

1　健康就是财富

2004 年 7 月 7 日，著名华裔经济学家杨小凯患癌症逝世，享年 55 岁；2005 年 1 月 5 日，中国社科院边疆史地研究中心学者萧亮在睡梦中辞世，仅 32 岁，击倒这位年轻学者的是过度的劳累和生活压力，以及他内心郁积着的焦虑；2005 年 4 月 10 日，56 岁的著名画家陈逸飞因劳累过度，导致胃穿孔、肝病去世；2005 年 8

月5日，浙江大学36岁的博导何勇，因弥漫性肝癌晚期不治而去世；2005年8月18日，46岁的演员高秀敏因心脏病突发辞世。

导致早死的原因是：疲倦、莫名的烦躁、容易生病、白天疲乏、晚上睡不着，从而导致身体功能弱化，疾病难以根治。生命的加速折旧是一种典型的“过劳死”，是长期慢性疲劳后诱发的猝死，即由于工作时间过长、劳动强度加重、心理压力太大而导致精疲力竭，引起身体潜藏的疾病急速恶化，继而出现致命的症状而死亡。一般来说，“过劳死”是由“亚健康”诱发的，由于长期积重难返而引起身体疾病急速恶化，救治不及而死亡。“过劳死”的人大多数是不知道保养身体事业心十分强的人、工作狂、超长时间工作的人、上夜班多且工作时间不规则的人、长时间睡眠不足的人、自我期望太高的人、容易紧张的人、几乎没有休闲活动和嗜好的人。

这些“过劳死”的人都还很年轻，大多数是知识分子，从小学到大学，再在工作岗位上锻炼，国家和社会、死亡者家庭都为其人力资本投入了相当多，生命的加速折旧，不仅是个人和家庭的损失，也是国家和社会的损失。可见，不注意健康，超负荷工作，导致健康的损失，就是损失了家庭和社会的财富。

只有体验了不健康的苦恼的人，才知道健康是人生第一财富。健康的经济含义在生活水平较低时，人们认为无病就是健康。随着社会的发展和人们生活水平的提高，我们知道没有病不等于健康，在健康和不健康之间还有亚健康，在身体健康之外还有精神健康和心理健康。现在，较为普遍接受的观点是世界卫生组织（WHO）对健康的定义：“健康是个人身体上、心理上和社会上的完好状态。”也就是说，健康包括身体健康、心理健康和社会适应能力良好，只有在这几个方面都健康的人才是真正健康的人。

个人健康作为一种经济物品是个人人力资本价值的主要构成之一，因此，个人的健康也需要投入，也就是说，健康是一种使用市场投入和个人时间而生产出来的一种经济物品。投入包括两部分：一是市场投入，二是个人投入。国家的公共卫生服务、医疗和保健费用支出、医院的设备使用、医生的劳动等，都属于市场投入；个人投入是指每一个人用于日常保健、休息和锻炼的时间，当然，也包括个人医疗的花销。

一个身体健康的人，往往比一个身体不健康的人更容易快乐；一个精神健康的人，有较好的自我调适能力和人际关系处理能力，心情愉快的时候会比精神不健康的人多。同时，身体健康和精神健康又是互相影响、互相依存的。可以说，健康带给我们的舒适感，并不是虚无缥缈的，它和食物、水一样，是我们生活中较为基本的需求之一，当然，这种需求的层次比单纯生存的需求层次要高。生存需求得到满足后，人们才会有健康需求，才会花费时间和财富，为自己的健康进行投资，从而享受健康带来的舒适和快乐。

人是一种有价值的资本，个人的人力资本是经济增长和财富创造的源泉，也是个人财富的源泉。一个健康的人才能正常地从事工作，创造财富，或者说，健康的人比不健康的人工作效率更高，劳动价值更大。教育带来了知识和技能，却不能代替健康。作为人力资本的重要组成部分，健康影响着人力资本的产出，它使一个人工作的时间增多，工作效率提高，间接地参与了社会生产和再生产，正是因为这样，健康的人比不健康或亚健康的人，其人力资本价值更大，潜在的财富更多。而不健康的人，由于生命的风险更大，其人力资本价值会降低，因为，不健康的人，其人力资本发挥的作用会受到其健康状况的制约，甚至于自己创造的一部分财富被不健康的身体耗费。所以，健康是个人的真正财富。毕竟有了健康的身体，即使暂时财富比较少，也可以通过自己的劳动创造更多的财富；而不健康的人，即使财富多，也可能因为健康差的原因，使自己的财富被医疗费或生命风险剥夺。

那么，健康的价值有没有一个量化的标准？健康保险的引入，为健康的估价提供了一个有力的依据。从世界范围来看，在健康保险比较发达的国家和地区，健康保险的投保金额等于人们享受医疗服务的限度。人们认为自己的健康价值多少，就会投保相应的保额，为自己的健康买单。

2 亚健康与工作

一个人没有生病不等于健康，在健康和不健康之间还有亚健康。健康是个人身体上、心理上和社会上的完好状态，或者说，如果一个人身体机能不能正常地发挥作用，疲倦、莫名的烦躁、疲乏、失眠、长期睡眠不足、身体机能不能正常地得到恢复、心理适应能力差、压力大等，都是处于“亚健康”的状态。“过劳死”是长期的亚健康没有引起注意和重视的结果，积累到一定程度就容易引发生命危险。所以，亚健康必须引起足够的重视。

亚健康主要与工作有关，首先是与个人所从事的工作性质有关，从上面的探讨我们知道，我国的知识分子是亚健康的主要群体之一。为什么知识分子最容易处于亚健康状态呢？这有多种原因：由于我国科研体制仍然受传统的计划经济体制的影响比较大，科研人员受到来自上面的压力大，一般的知识分子不太善于处理人际关系，知识分子的人际关系比较复杂，科研环境不宽松，知识分子忧虑比较多，心理负担重；知识分子长期从事脑力劳动，用脑过度和长时间的精神紧张容易引起身体功能紊乱；知识分子一般成就感很强，容易长期处于身体的亢奋状态；许多知识分子不太注意锻炼身体，不愿意休闲、放松自己，很多人体质比较差，又不注意劳逸结合，从而导致免疫功能降低。

随着住房制度改革、高等教育收费改革、医疗体制改革和人事制度改革的逐步推进，随着竞争的加剧，个人特别是年轻人，在城市生活和工作的生存竞争压力越来越大，要想生活得舒适一些，就必须多赚钱，金钱是生存和生活的基础，没有这个基础，谈恋爱、结婚、买房、消费、交友、升迁、自我发展和提高等方方面面都无从谈起。所以，现在的城市年轻人特别是来自农村的大学毕业生，都面临着过重的学习、工作和生活压力，许多年轻人在各种压力大的情况下，不得不拼命赚钱，只要有足够高的奖金和工资，不少年轻人都愿意加班加点，甚至于一些人认为，年轻的时候可以拿生命换钱，年龄大了再拿钱换生命。正是在这种情况和思维条件下，超时工作、亢奋工作、不愿休闲和放松，才容易导致生命风险。

我国仍然处于体制转轨时期，完善的市场经济体制依然没有形成。只有完善的市场经济制度，才有利于交易市场容量的最大化，才有利于经济的深化，才能降低交易成本、管理成本、社会成本。而市场经济制度不完善，就容易造成普通民众时间的浪费和过高的精力、货币支出。因此，我国民众需要付出过多的成本才能取得维持生存和生活的经济基础。

亚健康影响了工作的效率，工作效率又与收入高低息息相关，于是，一些年轻人在生存压力下，不得不更加超时、超负荷地工作，导致身体状况的恶性循环，等到发现问题时，为时已晚，生命也走到了终点，生产资本报废，造成巨大的沉没成本和社会成本。所以，年轻人应该重视自己的生命风险，虽然社会环境因素个人无能为力，但自己的生命毕竟比金钱更重要，生命的加速折旧是很不值得的事情。虽然金钱很重要，但生命更重要。在现存条件下，保护自己生命的最好办法就是不能对生活的期望太高，特别是在我国人口众多的条件下，人们争夺有限资源的竞争将可能长期激烈，因为人口多，而生存资源又有限。降低自己的期望值，不为钱而生活，为自己而生活，才能使自己获得解放。只要生命保存，总会有赚钱的机会。更何况有钱不一定就幸福，幸福是一种感觉，有时穷也有穷的幸福。更重要的是需要将健康的内在价值和外在价值统一起来，如果只是重视健康的外在价值，往往会得不偿失。

亚健康是人体在健康和病态之间的一种状态。据世界卫生组织最新资料，真正健康的人在全世界只有 15% 左右，而真正有疾病的人也只有 15% 左右，其余 70% 的人均处于亚健康状态，其中，尤以青年白领阶层最为严重，所以，我们大多数人都有必要摆脱亚健康状态。由于人们对防治亚健康状态没有引起足够的重视，致使受亚健康困扰的人数日益增多。

要防止亚健康状态的产生，必须从我们的衣食住行、生理健康、心理健康等多方面进行调整。因为人是一个统一的整体，人和大自然也是统一的整体，我们应当遵守人类通过几千年总结出来的 24 小时起居规律，养成主副食搭配、荤素搭配、戒烟酒的饮食习惯，学会顺其自然、适度放慢生活节奏，懂得释放和发泄、沟通和倾诉、放弃和享受，把生活当作是一种快乐，特别要懂得通过娱乐、健身、旅游等休闲方式放松自己的身心，并保持一种平和淡泊的心态，坚持少吃多动的健身之道。

经济学课堂

健康的内在价值和外在价值

健康的内在价值是指健康的生产成本，即需要多大成本才能维持一个人的健康，也就是生产健康所需要的货币和劳务投入。健康的外在价值，也就是健康的使用价值，它表现在健康能带给我们多少舒适和快乐，一个身体健康的人，往往比一个身体不健康的人更容易快乐，精神和心理健康的人，也更容易快乐，有更高的劳动生产率。

3 如何以最小的成本保持健康

要保持身体的健康状态，关键是及时发现自己是否处于亚健康状态，在重视健康的外在价值的同时，把健康的内在价值放到首要的地位，增加对健康的投入。健康是人力资本的主要组成部分，一个人只有在健康的状态下，才能更好地投入到工作中去。

既然健康是人力资本的重要组成部分，那么，要保持身体的健康就需要投入，包括时间的投入、精力的投入和金钱的投入。如果等到自己的身体已经出现亚健康状态，甚至是超负荷运转状态，等到自己得了什么疾病的时候再进行投入，就等于身体这个机器已经损坏比较严重了，非得进行“大修理”不可，这时的投入必然很高，而且不一定见效。个人生命的风险从一出生就存在，而走上工作岗位后，生命的风险逐渐增大，人的身体功能一般在35岁就到达了顶峰，此后就开始走下坡路了，预防生命的风险必须尽早开始，才能以最小的成本保持身体的健康。

身体健康包括身体素质即体质的健康和心理健康，那么，预防生命的风险，保持身体健康状态就需要从这些方面着手。从年轻时开始养成良好的小学、工作和生活习惯是以最小成本保持身体健康的最好方式。所谓习惯成自然，养成良好的习惯只需要 21 天，但毁掉一个良好的习惯只需要一天甚至一个小时。一些年轻人之所以身体素质比较差，是因为在学校学习的时候就爱开夜车，为了考上大学，废寝忘食，一天学习十几个小时，超负荷学习，不仅效率降低，也影响身体功能的恢复，造成身体素质低下。学习并不是时间越多越好，关键还在于持之以恒，每天坚持学习，哪怕学习时间少，长期积累，学识就会很渊博。每天坚持学习，在学习之余，也花些时间放松放松，让学习和休闲合理搭配，这样既能够提高学习效率，又最容易保持健康的体魄，付出的成本也比较小。

从参加工作开始就需要养成良好的工作习惯。在工作上，首先制定好一个周详的计划，给自己制订一个工作守则，按部就班地开展工作，有条有理，循序渐进，今天的工作今天完成，绝不拖拉，同时保持足够的睡眠和休息时间，让自己的身体功能能够及时恢复。这样，工作效率自然比较高，做工作也更容易开心，就不容易把工作看成是一种负担或负效用。如果平时工作拖拖拉拉，敷衍塞责，到了需要交差的时候就会手忙脚乱，不得不开夜车、加班加点，而一旦工作效率降低，被领导批评，或加班加点时间太长，工作就成了一种负担。长此以往，恶性循环，时闲时忙，不仅工作效率降低，自己的身心也受损。

良好的生活习惯更是一个人保持健康身体的基础。生活习惯首先是卫生习惯，俗话说：“病从口入。”我们大多数人得病都是因为吃的方面没有把握好，如吃得不干净、吃得太多、吃得太油、吃得太生、吃得太熟、吃得太单一。现在，虽然蔬菜、肉、蛋、奶等食物供应十分充足，但很多蔬菜都有残留农药，所以，自己做菜时需要多加注意，最好在水中浸泡半个小时，洗干净一些。肉、蛋、奶中，有的添加了激素，有的含“转基因”，吃得太多，对身体不好，适量才是健康的根本。吃太多油腻的食物、过量吃生食、偏食、多食也是导致一些疾病的原因，所以，定时、定量、多样化、荤素搭配、适量放油、炒菜时间不长等，是养成家庭合理饮食习惯的主要环节。个人卫生习惯也很重要，保持身体的卫生，保持厨房、卧室、床铺的清洁卫生都是健康的必备条件。

人一过了35岁就需要注意保养，及时对自己身体内的零部件进行“修理”。比如，经常使用电脑、看书的人，通过多眨眼，在旁边放一杯热水，可以保持眼睛的湿润。城市中空气污染严重，空气中有毒物质含量比较多，所以，需要经常用冷水给鼻子洗澡，清洁鼻子，保持鼻子的清洁。经常活动髋骨、腿骨、腕骨、臀骨、踝骨，可以防止骨质疏松和缺钙，可以保持脚的健康状态，防止脚老化。不时吃些苦味、甜味、酸味的食物，可以调节肝、脾、心、肺、肠道等功能，防止内脏功能的减退。身体功能出现问题，不能因为学习忙、工作忙就拖拉，不及时治疗，时间一长，容易出现大问题。当然，身体的保养还需要劳逸结合，适当休息、休闲。

坚持锻炼身体，慢跑、骑车、登山、游泳、打球、在健身场所锻炼都是必要的，只有加强身体锻炼，使自己的体魄增强，才能增强身体的免疫力，减少生病的概率。生病吃药也需要通过肝脏排毒，增加肝脏负担，所以，为保持身体的健康，应尽量少吃药。